DAVID HARP
Achtsamkeit to go

W0053304

GOLDMANN
Lesen erleben

Buch

Oft bestimmen Hektik und Stress unseren Alltag. Entspannung und Achtsamkeit bleiben auf der Strecke. Wir würden ja gerne, wenn wir nur etwas Zeit dafür hätten. Dabei sind es oft kleine Schritte, die das Bewusstsein verändern. Wie kann ich mehr meditative Aufmerksamkeit in mein Leben integrieren? Wie, im Auge des Sturms, Ruhe und Gelassenheit bewahren? David Harp zeigt uns einfache Meditationsübungen, die in (fast) jeder Lebenssituation gelingen. Dann könnte ein nach wie vor anstrengender Tag folgendermaßen entschleunigt werden: Morgens ein Sonnengruß-Quickie. Dann, wenn der Bus schon wieder Verspätung hat, meditative Visualisierung im Wartehäuschen. Zwischendurch Mantra, Mudra, Meeting und statt Espresso eine einfache Wachsamkeitsübung.
Oder zwischendurch Folgendes simsen: „Keine Zeit. Bin im Lotus.:-*" Geht auch.

Autor

David Harp, Unternehmenssprecher, Verhaltenstherapeut mit dem Schwerpunkt „Flucht-Abwehr-Reaktion" und Autor von *Meditieren in drei Minuten*, pflegt eine weitere Leidenschaft: die Mundharmonika. Er ist Amerikas bekanntester Mundharmonikalehrer. Harp lebt mit seiner Familie in Middlesex, Vermont.

David Harp

Achtsamkeit to go

Meditation für
Menschen auf dem Sprung

Aus dem amerikanischen Englisch
von Jochen Lehner

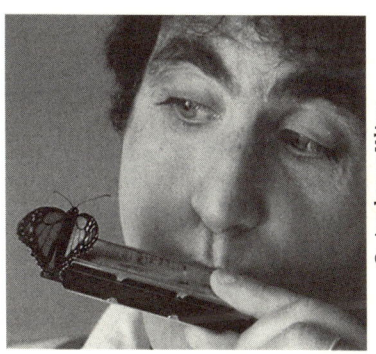

© Andrew Kline

GOLDMANN

Die amerikanische Originalausgabe erschien 2011
unter dem Titel „Mindfulness to go"
bei New Harbinger Publications, Inc., Oakland, CA, USA.

Verlagsgruppe Random House FSC® N001967
Das für dieses Buch verwendete FSC®-zertifizierte Papier
München Super liefert Arctic Paper Mochenwangen GmbH.

1. Auflage

Deutsche Erstausgabe April 2014
© 2014 der deutschsprachigen Ausgabe
Wilhelm Goldmann Verlag, München
in der Verlagsgruppe Random House GmbH
Copyright © 2011 by David Harp
Translated from the English: Mindfulness to go.
How to meditate while you're on the Move
First published in the United States
by New Harbinger Publications
Umschlaggestaltung: UNO Werbeagentur, München
Umschlagmotiv: FinePic c/o Zero Werbeagentur
Lektorat: Judith Momo Henke, Berlin
SSt . Herstellung: cb
Satz: EDV-Fotosatz Huber/Verlagsservice G. Pfeifer, Germering
Druck: GGP Media GmbH, Pößneck
Printed in Germany
ISBN 978-3-442-22058-8

www.goldmann-verlag.de

Elisabeth Kübler-Ross gewidmet.

Ich darf sie eigentlich nicht meine Lehrerin nennen, aber der eine Workshop zu Beginn meiner beruflichen Laufbahn gab mir die Möglichkeit, eine außerkörperliche Nahtod-Erfahrung zu begreifen, durch die ich überhaupt erst zur Psychologie gekommen war.

Ich fühle mich ihr zutiefst verpflichtet, ebenso wie meinen Lehrern Stephen und Ondrea Levine sowie Jack Kornfield, der mich Woche für Woche ertrug, und das länger, als eigentlich zumutbar gewesen wäre. Sollte meine unmittelbare und schriftstellerische Arbeit einen Überschuss auf der Haben-Seite aufweisen, so ist das diesen großen Lehrern zu verdanken; Fehler, Ungenauigkeiten und sonstige Patzer gehen dagegen vollständig auf mein Konto.

Ich möchte dieses Buch darüber hinaus dem großen Arzt und Kardiologen Dr. Vincent De Quattro widmen. Seine Arbeit über die Rolle, die Stress und das sympathische Nervensystem im Krankheitsgeschehen spielen, war wegbereitend und von der für ihn typischen Unerschrockenheit, mit der er seinen Erkenntnissen folgte, wohin sie ihn auch führten.

Inhalt

Einleitung

Achtsamkeit war für mich immer so etwas wie ein Traum in weiter Ferne. Meinem vagen Verständnis des Wortes nach musste so etwas wie gerichtete Aufmerksamkeit gemeint sein, durch die man allmählich das innere Plappern zur Ruhe bringt, was dann auf Dauer zu einem ausgeglichenen, ruhigen und mitfühlenden Leben führt – theoretisch.

Nur dass sich die ständige Flut der mal wohligen und mal beängstigenden Gedanken bei mir offenbar überhaupt nicht auf bewusstem Wege eindämmen ließ. Jeder Tag war so geschäftig, so voller Hektik und Stress, dass ich nicht wusste, woher ich die Zeit nehmen sollte, mich mit dieser schwer erlernbaren, aber – so schien es – äußerst wichtigen Kunst zu befassen.

Nach Jahrzehnten der Meditation und Achtsamkeitspraxis, seit Jahren auch als Trainer, in dessen

Klientel von ehrenamtlichen Hospizhelfern bis hin zu CEOs so ziemlich alles vertreten ist, weiß ich heute, dass zum Verständnis der Achtsamkeit nur ein paar Minuten lockerer Unterweisung erforderlich sind und wir die Grundübungen parallel zu eigentlich allem machen können, was in unserem Leben sonst noch so von Belang ist. Sollten Sie, wie es bei mir früher der Fall war, mit Stress, Ärger, Angst und nicht zielführenden Wünschen zu kämpfen haben und sich – wie ich damals – einbilden, Sie hätten nicht die Zeit, etwas an Ihrer Situation zu verbessern, dann gehören Sie zu meinem Zielpublikum.

Ich bin darin, wie vermutlich alle außer vielleicht dem Dalai Lama, nicht vollkommen, doch das Bemühen hat mein Leben grundlegend verändert – und das wird auch bei Ihnen so sein, wenn Sie sich darauf einlassen. Wenn Sie Achtsamkeit bei allen Ihren Beschäftigungen üben, werden Sie es bald wirklich jederzeit und bei allem können – und dann nimmt die Achtsamkeitspraxis nahezu keine eigene Zeit mehr in Anspruch.

Wem nützt dieses Buch?

Vielleicht haben Sie schon von Achtsamkeit gehört und sich Gedanken gemacht, oder Sie hatten bereits vor, eine Meditationspraxis aufzunehmen, die Achtsamkeit erzeugt. Vielleicht wissen Sie auch nicht so recht, was unter Achtsamkeit zu verstehen ist, selbst wenn Sie einen gewissen Eindruck davon haben, was Meditation beinhaltet. Womöglich haben Sie schon einmal Transzendentale Meditation (TM) oder eine andere Form der Meditation ausprobiert. Sollten Sie es aber noch nie oder mit wenig Erfolg versucht haben oder nur eine Zeitlang, bevor Sie es wieder aufgegeben haben, dann überlegen Sie doch einmal, ob dabei Gedanken dieser Art eine Rolle spiel(t)en:

- Ich kann nicht so lange stillsitzen, wie man es für die Meditation müsste. Da werde/würde ich aus der Haut fahren.
- Ich habe keine Zeit zum Meditieren.
- Ich hab's versucht, konnte mich aber nicht auf ein Mantra, ein Geräusch, eine Kerzenflamme oder die Empfindung meines Atems konzentrieren.
- Zwanzig Minuten mit überkreuzten Beinen sitzen? Undenkbar!

Wenn Sie Gedanken dieser Art kennen, gehören Sie vielleicht zum Bienentyp. Im ersten Kapitel werde ich Ihnen meine Typologie der vogelartigen, fledermausartigen, bienenartigen und seepockenartigen Menschen sowie die für jeden Typ am besten geeigneten Meditationsformen vorstellen.

Was nun die energiegeladenen, hochaktiven, immer beschäftigten Bienen unter uns angeht, ist es leider so, dass die meisten gängigen Meditationsformen eher auf das ortsfeste, gemächliche Seepockengemüt zugeschnitten sind. Wenn Sie solch ein geschäftiger Mensch sind, werden die meisten Übungen Ihnen weder verlockend erscheinen noch beim Aufbau einer Achtsamkeitspraxis besonders hilfreich sein. Deshalb habe ich dieses Buch geschrieben: Es stellt einen Ansatz speziell für diejenigen unter uns vor, die zu »beschäftigt«, zu »aufgedreht« oder einfach zu »aktiv« sind, als dass sie eine halbe Stunde stillsitzen und meditieren könnten. Selbstverständlich können Sie die Methode auch als Vogel, Fledermaus und Seepocke mit Gewinn anwenden, wenn Ihr Leben so organisiert ist, dass Sie nur mit Mühe Zeit für die Achtsamkeit finden.

Was Sie erwartet

Wir werden uns zunächst im ersten Kapitel ansehen, was Achtsamkeit ist (und was nicht) und inwiefern unsere äußeren und inneren Aktionen achtsam sind – oder eben nicht. Dann werden wir durch ein einziges simples Experiment erfahren, wie angewandte Achtsamkeit jedes äußere oder innere Tun verwandeln kann. Etwas griffiger formuliert: Achtsamkeit verwandelt äußere Bewegungen und innere Regungen.

Wenn Sie auf diesem Wege einen vorläufigen Eindruck vom Wesen der Achtsamkeit gewonnen haben, brauchen Sie im weiteren Verlauf des Buchs eigentlich nur noch knappe, aber vollständige Anleitungen zu den Übungen – ich spreche auch von Meditationen oder Meditationsübungen –, die Sie parallel zu Ihren sonstigen Beschäftigungen machen können: Autofahrmeditation und Meditation im Gehen, Meditation beim Sprechen und beim Zuhören, Meditation am Computer, Joggingmeditation, Shoppingmeditation, Meditation beim Schlangestehen.

Haben diese doch recht verschieden klingenden Übungen etwas gemeinsam? Ja. Sie alle dienen dem Training unserer »mentalen Muskulatur«, wie ich das nenne, und der verdanken wir, dass wir Achtsamkeit aufbauen und bei allem, was geschieht oder eben nicht geschieht, achtsam bleiben können. Ihr normaler Tagesablauf mag aussehen, wie er will, Sie werden überall Gelegenheit finden, diese Achtsamkeitsmeditationen in Bewegung damit zu verbinden. Sie werden jeweils vom Lesen sofort zur Umsetzung übergehen.

Im letzten Kapitel besprechen wir ein paar »Selbsttröstungsmeditationen«. Dazu werden wir uns achtsam ansehen, wie wir uns normalerweise trösten, wenn wir Mangel oder Schmerzen leiden, seien es gesunde oder ungesunde Formen der Selbsttröstung: vom Singen in der Dusche bis zum Konsum von Junkfood vor dem Fernseher. Sobald wir diese Strategien wirklich bewusst wahrnehmen, können wir die gesunden stärken und die ungesunden abbauen. Bis dahin wird Ihre mentale Muskulatur durch alltägliche Achtsamkeitspraxis so durchtrainiert sein, dass Sie dabei mitfühlend und urteilsfrei vorgehen können – mit entsprechend positiven Ergebnissen. Also los!

1 Achtsamkeit – was, warum und wie?

Alles Leben ist Bewegung. Leben ist ohne Bewegung nicht denkbar, ob wir das Zugverhalten der Tiere betrachten oder subatomare Teilchen auf ihren Bahnen, also den Stoff, aus dem dieses Universum ist. Dennoch glauben viele, Achtsamkeit könne man nur in äußerer Bewegungslosigkeit üben, indem man still in einer Zimmerecke oder im Kloster sitzt. Diese Annahme ist nicht nur falsch, sondern wirkt sich eher hemmend aus, denn tatsächlich können wir auch dann Achtsamkeit lernen und achtsam sein, wenn wir »auf Trab« sind. Vielen fällt es sogar leichter, wenn sie dabei ihren normalen täglichen Verrichtungen nachgehen.

Was ist Achtsamkeit?

Es gibt viele mögliche Antworten auf die Frage, was Achtsamkeit ist. Meine persönliche Definition – praktisch, einfach und vor allem hilfreich – lässt sich etwa so formulieren: die Geistesverfassung, in der wir die Wahl haben, auf vielen Ebenen (zum Beispiel körperlich, geistig oder philosophisch) gleichzeitig bewusst und gegenwärtig zu sein oder unsere bewusste Wahrnehmung willentlich auf *eine* dieser Ebenen zu konzentrieren.

Möglicherweise denken Sie jetzt, Sie könnten das bereits, und vielleicht ist es ja auch so. Wenn Sie etwa am Abend einen stillen Feldweg entlanggehen, können Sie zu den Sternen aufblicken und über diesen Kosmos staunen, während Sie zugleich Ihre eigenen Schritte hören. Das kann allerdings etwas anders aussehen, wenn Sie zur Stoßzeit mit einem Wagen voller zankender Kinder auf einer verstopften Straße unterwegs sind und die Tankanzeige schon auf Reserve steht.

Seien wir also lieber ehrlich uns selbst gegenüber. Die meisten Menschen – und zu denen zähle ich mich selbst auch – lassen zu, dass ihre Gefühle, ihr Sprechen, ihr Handeln weitgehend von ihrem Kopf beherrscht werden, von ihren Gedanken.

Wenn wir jedoch Achtsamkeit eingeübt haben, können wir wenig nützliche Gedanken früher be-

merken und sie rechtzeitig abfangen, bevor sie un-
gute Folgen nach sich ziehen, um dann mit unserer
Aufmerksamkeit zu den Erfordernissen der jeweili-
gen Situation zurückzukehren. Die Übungen in diesem Buch werden Ihnen helfen, diesen Zustand zu
erreichen.

Der Unterschied zwischen
Achtsamkeit und Meditation

Achtsamkeit ist das, was wir erreichen möchten.
Meditationen sind die Übungen, die uns diesem Ziel
näher bringen. Achtsamkeit verhält sich zu diesen
Übungen so wie gekonntes Baseballspielen zu Lauftraining, Gewichtheben, Schlagtraining und Fang-
training.

Was ist »mentale Muskulatur«?

Ich bezeichne mit diesem Ausdruck die Fähigkeit,
die Aufmerksamkeit des Gehirns mithilfe der Sinne
auf einen bestimmten Gegenstand zu lenken. Manche Gegenstände, zum Beispiel ein James-Bond-
Film, fesseln unsere Aufmerksamkeit ganz einfach
mit haarsträubenden Verfolgungsjagden, attrakti-
ven Gesichtern und Körpern sowie Bösewichten, die

große Reden schwingen. Wenn wir uns dagegen auf etwas seiner Natur nach wenig Interessantes zu fokussieren versuchen, verlangt uns das einiges ab. Davon kündet noch ein leicht veraltet wirkender Ausdruck, nach dem wir Aufmerksamkeit nicht einfach schenken oder zuwenden, sondern »zollen«.

Bei der Ausrichtung auf Dinge, die uns ohnehin packen oder fesseln – seien es Hollywoodfilme oder unsere Angst- und Zornregungen –, ist unsere mentale Muskulatur nicht gefordert. Im Gegenteil: Bei fehlender mentaler Muskelkraft wird unsere Aufmerksamkeit wie von selbst von den am lautesten Zuwendung heischenden Gedanken und Dingen angezogen, auch wenn uns das nicht guttut. Wenn Ihnen auffällt, dass Sie bei der Arbeit ans Essen oder beim Essen an die Arbeit denken, wird Ihnen ein wenig mentales Muskeltraining wahrscheinlich nicht schaden.

Wie die Muskeln des Körpers zu trainieren sind, hat man schnell heraus: Klimmzüge für den Bizeps, Rumpfbeugen für die Bauchmuskulatur. Schwieriger ist es da schon, die notwendige Zeit und Beharrlichkeit aufzubringen, die das Training zum gewünschten Ziel führen. Und wie Sie für den Körper sportliche Übungen machen, so für den Geist meditative. So einfach das klingt, leicht ist es für viele nicht, zumal wenn wir noch keine Meditationsform gefunden haben, die uns liegt und bei der wir bleiben können.

Vögel, Fledermäuse, Seepocken und Bienen

Was die Meditationspraxis angeht, bin ich zu einer griffigen Typologie der Vögel, Fledermäuse, Seepocken und Bienen gelangt. Diese Tiervergleiche mögen stark vereinfachend erscheinen, bringen jedoch auf den Punkt, dass die meisten Menschen bei der Aufnahme, Verarbeitung und Umsetzung von Informationen deutlich erkennbare Vorlieben und Tendenzen zeigen. Vögel besitzen ein phänomenales Sehvermögen, das beispielsweise Raubvögeln erlaubt, Mäuse aus größter Höhe zu erspähen. Menschen, die ich dem Typus »Vogel« zuordne, sind visuell orientiert und bevorzugen darauf abgestimmte Meditationsübungen; sie lernen auch bevorzugt visuell, das heißt direkt von einer Person, jedenfalls aber eher von einer DVD als von einer CD oder aus einem Buch, das nur Text enthält.

»Fledermäuse«, das ahnen Sie jetzt vermutlich schon, sind eher akustisch orientiert. Ihnen werden Mantrameditationen liegen, und sie lernen besser über das Zuhören als über visuelle Eindrücke oder Körperempfindungen. »Seepocken« sind in der Natur ortsfeste, also mit dem Untergrund dauerhaft verklebte Krebse. Sie kommen nicht viel herum und haben auch nicht den Wunsch danach. Sie bleiben an ein und derselben Stelle und durchkämmen und schmecken das Wasser mit ihren zu Reusen erweiterten Gliedmaßen. Menschen von dieser Anlage mögen Geruchs- und Geschmacksmeditationen oder solche, bei denen man in der Bewegungslosigkeit Körperempfindungen wie etwa dem Kontakt des Gesäßes mit der Sitzfläche des Stuhls nachspürt.

Bienen schließlich, zu denen ich mich auch zähle, sind geschäftig, agil, immer in Bewegung. Sie werden unschwer erraten, welche Meditationsformen uns Bienen am meisten liegen und uns am ehesten in die Achtsamkeit bringen: Meditationen, mit denen wir Achtsamkeit in Bewegung üben.

Weshalb wir achtsamer werden müssen

Es gibt eine Menge guter Gründe, sich mit Achtsamkeit zu befassen und sie zu üben. Es ist ein Prozess in mehreren Phasen, ungefähr so, als wollte man eine Kampfkunst erlernen. Manch einer fängt vielleicht mit, sagen wir, Taekwondo an, um ein wenig in Form zu kommen. Andere möchten ebenfalls in Form kommen, interessieren sich aber auch für den Aspekt der Selbstverteidigung. Und sehr wenige träumen vielleicht von einer Medaille bei den Olympischen Spielen oder möchten so gut werden, dass aus der sportlichen Körperübung auch eine spirituelle Praxis wird. Wer so etwas im Sinn hat, muss natürlich ungeheuer viel Zeit und Energie darauf verwenden, und sehr wahrscheinlich braucht er eine natürliche Begabung. So gut wie jeder kann Basketball, Malen, Tennis oder Boxen soweit lernen, dass es ihm Freude macht, aber nur wenige bringen die körperlichen und geistigen Voraussetzungen mit, ein Michael Jordan, Pablo Picasso, eine Serena Williams oder ein Muhammad Ali zu werden.

So können wir auch die Achtsamkeit zu unterschiedlicher Könnerschaft entwickeln. Nicht jeder wird ein erleuchteter Guru oder Heiliger. Und das ist vollkommen in Ordnung, denn wer sein Leben auch nur in bescheidenem Umfang mit Achtsamkeit anreichert, kann sofort die Früchte genießen. Das hat vor allem einen Grund:

Achtsamkeit reduziert Stress.

Was ist daran so wichtig? Nun, die American Psychological Association führte 2007 eine Untersuchung durch, deren Ergebnisse unter dem Titel »Stress in America« veröffentlicht wurden. 77 Prozent der 1 848 befragten Personen gaben an, sie hätten im vergangenen Monat mit Stress in Zusammenhang stehende körperliche Symptome gehabt; bei den stressbedingten psychischen Symptomen waren es 73 Prozent. Und das war noch *vor* der Rezession.

Wenn Sie dieses Buch zur Hand genommen und bis hierher gelesen haben, glauben Sie wahrscheinlich, dass meditative Achtsamkeitspraxis Ihr Leben verbessern könnte. Sie sind nicht darauf versessen, ein Guru oder Heiliger zu werden (was Ihnen natürlich freisteht), Sie möchten einfach nur Stress abbauen. Unterwegs werden Sie aber noch weitere positive Veränderungen bemerken, zum Beispiel in folgenden Bereichen:

- Umgang mit Ärger und Angst;
- Beziehungen;
- Ihre Kommunikationskompetenz;
- die Fähigkeit, mit ungesunden Bedürfnissen umzugehen, etwa in der Sexualität, beim Essen oder beim Konsum von Schund im Fernsehen oder online;
- Versagensängste, vom Sport bis hin zu Prüfungen.

Mit Übung und Geduld werden Sie Ihre Selbstwahrnehmung verbessern. Sie werden alles in allem ruhiger und können so leichter auf wechselnde Umstände reagieren. Wenn Sie religiös oder spirituell orientiert sind, werden Sie Ihre Achtsamkeitspraxis vielleicht soweit vertiefen wollen, dass ein starkes Gefühl der Verbundenheit mit dem entsteht, was »Gott« oder »spirituelles Bewusstsein« oder auch »Grund des Seins« genannt wird. Für die meisten von uns kommt es aber vor allem darauf an zu wissen, was Achtsamkeit ist, und mit etwas Übung ein Instrument an die Hand zu bekommen, das wir überall und jederzeit einsetzen können, um unser Leben selbst in die Hand zu nehmen.

Zusammenfassung

- Im Zustand der Achtsamkeit können wir uns verschiedener Wahrnehmungsebenen gleichzeitig bewusst sein. Achtsamkeit hat viele Grade, doch selbst in der einfachsten Form haben Sie sofort einen Gewinn durch Stressreduzierung.

- In der Achtsamkeit entscheiden Sie selbstbestimmt, worauf Sie Ihre Aufmerksamkeit richten. Sie beherrschen Ihren Geist, nicht umgekehrt.

- Meditationen sind geistige Übungen für Ihre mentalen Muskeln. Unsere mentale Muskulatur ist dann gut entwickelt, wenn wir die Kraft und Disziplin besitzen, unsere Aufmerksamkeit willentlich zu dirigieren.

2 Bewegungen, Regungen und die Flucht-Abwehr-Reaktion

Wenn ich einfach eine Straße entlanggehe, können andere Passanten, die mich kurz bemerken, kaum etwas über meine innere Verfassung sagen (es sei denn, ich raufte mir die Haare). Vielleicht denke ich an mein Ziel und was ich dort vorhabe, vielleicht beschäftigt mich irgendeine reale oder eingebildete Beleidigung oder Kränkung. Es kann aber auch sein, dass meine Aufmerksamkeit ganz auf die körperlichen Empfindungen des Gehens ausgerichtet ist oder auf die Anzahl der Schritte, die ich bei jedem Einatmen und Ausatmen mache. Niemand kann das unterscheiden, und das ist gut so. Es bedeutet nämlich, dass ich unauffällig meine mentale Muskulatur trainieren kann, die mir Achtsamkeit beim Gehen auf der Straße erlaubt.

Achtsame und unachtsame Bewegung

Es besteht ein gewaltiger Unterschied zwischen achtsamen und unachtsamen Bewegungen, auch wenn dieser Unterschied nach außen hin nicht sichtbar ist. Beim achtsamen Gehen beispielsweise können wir ganz verschiedene Dinge einzeln oder gleichzeitig bewusst verfolgen, alle möglichen Empfindungen, Gedanken, Gefühle und philosophischen Fragen dieser oder ähnlicher Art:

- die Empfindung der beim Gehen auf dem Boden aufsetzenden Füße;
- das Auftauchen und Verschwinden von Gedanken, die nichts mit dem Gehen zu tun haben und die wir nur bemerken, um uns dann gleich wieder von ihnen zu lösen;
- den Grad unserer emotionalen Verbundenheit mit dem gerade angepeilten Zielort;
- die biografischen, psychischen oder philosophischen Gründe, die uns überhaupt dorthin führen.

Bei unachtsamer Bewegung neigen wir von Natur aus dazu, nur die für die Fortbewegung zuständigen Regionen unseres Gehirns einzusetzen, das heißt, wir überlassen das Gehen weitgehend dem »Autopiloten«. Der Rest dieses wunderbaren Organs beschäftigt sich oft mit Dingen, die gar nichts mit dem Gehen zu tun haben: Es generiert Gefühlsregungen wie Befürchtungen und Ärger, an die es sich dann klammert. Oder es beschäftigt sich mit Gedankengebäuden wie Zukunftsplänen, Erinnerungen oder Urteilen zu einfach allem, was uns im realen Leben begegnet oder sich nur im Kopf abspielt.

Die Flucht-Abwehr-Reaktion und ihr Zusammenhang mit unserem Gefühlsleben

Manche dieser inneren Regungen, Angst und Ärger beispielsweise, laufen wie die Fortbewegung mehr oder weniger automatisch ab. Sie werden meist nicht bewusst wahrgenommen und nehmen dann unkontrolliert ihren Lauf. Unsere Gefühlsregungen entspringen vielfach einem natürlichen Ablauf in unserem Gehirn, der Flucht-Abwehr-Reaktion genannt wird.

Die Evolution dieses Gehirnmechanismus begann vor Hunderten Millionen Jahren und spielte eine sehr wesentliche Rolle für das Überleben der damals existierenden Organismen. Das gilt natürlich auch heute noch: Wenn ein kleiner Fisch den Schatten eines größeren wahrnimmt, löst das in seinem Gehirn einen organisch verankerten Fluchtreflex aus, und blitzschnell verschwindet er im schützenden Seegras. Wenn ein männliches Krokodil ein anderes in sein Revier eindringen sieht, löst das einen Kampfreflex aus, und es greift sofort an.

Dieser sehr alte Flucht-Abwehr-Mechanismus ist auch in unserem ziemlich komplizierten Gehirn noch vorhanden und lässt uns, wenn wir ein Auto auf uns zuhalten sehen, sofort und ohne einen Gedanken Schutz suchen – der Fluchtreflex schaltet sich selbständig ein. Scheint eine Flucht unmöglich, etwa wenn uns ein Hund angreift, schalten wir mit sehr geringer Verzögerung auf Abwehr um und greifen augenblicklich nach allem, was der Verteidigung dienen könnte. Beide Reaktionen, Flucht und Abwehr, sind also nicht nur nützlich, es handelt sich außerdem um Reflexe, die kaum unterdrückt werden können.

Da die Flucht-Abwehr-Reaktion lebenserhaltende Funktion besitzt, wirkt sie auf den ganzen Körper. Im Verlauf der Reaktion werden abrupt Hormone wie Adrenalin freigesetzt, die eine Reihe körperlicher Funktionen beeinflussen:

- Die Verdauungstätigkeit wird eingestellt und alle Energie den Muskeln zugeführt, damit Sie je nach Lage weglaufen oder kämpfen können.
- Blut strömt vermehrt von der Peripherie ins Körperzentrum, was nicht nur den Blut-

druck erhöht, sondern vor allem verhindern soll, dass Sie an Verletzungen (durch Bisse oder Prankenhiebe) verbluten.

- Die ins Bewegungssystem geleitete Energie vermehrt kurzzeitig Ihre Kraft, kann allerdings die Knochen, Muskeln und Sehnen erheblicher Mehrbelastung aussetzen.

Nachteile der Flucht-Abwehr-Reaktion

Die genannten Auswirkungen können lebensrettend sein, sind aber wie gesagt auch mit erhöhter Belastung verbunden. Würde die Flucht-Abwehr-Reaktion nur durch Säbelzahntiger, aggressive Hunde oder heranbrausende Autos ausgelöst, könnte man sagen, dass die Auswirkungen – unterbrochene Verdauung, erhöhter Blutdruck, hohe Beanspruchung des Bewegungsapparats – kein zu hoher Preis für das Überleben sind. Leider lässt unser großes und komplexes Gehirn auch solche Bedrohungen als real gelten, bei denen es sich um rein mentale Objekte handelt, nämlich um Gedanken.

Die Macht der Gedanken

Stellen Sie sich Ihren Traumwagen vor, oder erinnern Sie sich an ein Haustier Ihrer Kindheit. Mit diesem Gedanken erzeugen Sie ein Bild, Sie »visualisieren« das Auto oder Tier. Vor dem inneren Auge sehen Sie die Farbe, die Form, die Größe. Vielleicht können Sie sogar fühlen, wie es wäre, eine Hand auf die Haube zu legen oder das Tier zu streicheln. Die bildhafte Vorstellung hat einen gewissen Realitätsgehalt, auch wenn sie ausschließlich in Ihrem Kopf stattfindet.

Schön und gut, aber leider ist es auch bei der Flucht-Abwehr-Reaktion so, dass sie auf innere Bilder ebenso anspringt wie auf echte Bedrohungen. Wenn Sie sich ausmalen, wie Ihr Chef das für Sie bestimmte Kündigungsschreiben zuklebt, springt der Flucht-Abwehr-Mechanismus so zuverlässig an, als hätten Sie eben tatsächlich den Umschlag geöffnet.

Wir erleben täglich Dutzende, wenn nicht Hunderte solcher Situationen, in denen unsere Flucht-Abwehr-Reaktion durch nichts weiter als durch unsere Gedanken ausgelöst wird. Wenn wir einmal die körperlichen Begleiterscheinungen dieses Geschehens beobachten, kann es uns kaum noch überraschen, dass wir dann häufig unter Verdauungsstörungen, hohem Blutdruck und Schmerzen leiden.

Schweregrade der Flucht-Abwehr-Reaktion

Wenn bei Ihnen der Flucht-Abwehr-Reflex ausgelöst wird, heißt das nicht, dass Sie sofort um sich schlagen oder Fersengeld geben. Ihr Gehirn versetzt Sie lediglich in die Bereitschaft dazu. Dann kann in der nächsten Phase eine der beiden Möglichkeiten, Flucht oder Abwehr, tatsächlich stattfinden, oder aber die Reaktion wird unterlaufen beziehungsweise unterdrückt.

Zum Beispiel: Die grimmigen Blicke und unverhohlen kritischen Worte des Chefs können eine Flucht-Abwehr-Reaktion auslösen, die je nach Temperament darauf hinausläuft, dass wir uns entweder lautstark zur Wehr setzen oder die Flucht ergreifen, um uns auf der Toilette einzuschließen und tief durchzuatmen. Vielleicht unterdrücken wir aber auch beide Reaktionsformen und lassen die unerfreuliche Begegnung still über uns ergehen. Der Impuls ist damit aber nicht aus der Welt geschafft, und so bleibt auch der Stress: der erhöhte Blutdruck, die in Aufruhr versetzte Verdauung, die Verkrampfung der Nacken- und Schultermuskeln. Entschließen wir uns aber, unsere mentale Muskulatur ein wenig aufzubauen, können wir unsere Flucht-Abwehr-Reaktion abfangen, bevor wir aktiv werden, ja sogar bevor diese einschneidenden körperlichen Reaktionen einsetzen.

Der Unterschied zwischen Flucht und Abwehr

Der Unterschied zwischen den beiden Reaktionsformen entspricht ungefähr dem zwischen Zorn und Angst. Im Allgemeinen haben wir eine grundsätzliche Tendenz eher zu der einen oder zu der anderen Reaktion. Wir sind, wie ich gern sage, eher »Grizzlybären«, die schnell in Rage geraten und dann angreifen, oder »Gazellen«, die eher die Flucht ergreifen. Wenn jemand bei akuten Bedrohungen meist erstarrt, spreche ich von einem »Opossum« – diese possierlichen Tiere stellen sich tot, wenn sie sich bedroht fühlen. Manche von uns, und zu denen gehöre auch ich, reagieren mal so und mal so.

Die Abwehrreaktion erzeugt im Körper Anspannungen – die Fäuste geballt, die Kiefer zusammengepresst, als gelte es jetzt zu schlagen und zu beißen. Dagegen bewirkt die Fluchtreaktion eher subtile Empfindungen – es kribbelt im Bauch und auf dem Kopf, man erschauert und fährt zusammen. Ich bezeichne diese körperlichen Erscheinungen, wenn sie nicht wirklich dem Schutz von Leib und Leben dienen, als »Symptome«, weil sie dann wirklich etwas Krankhaftes haben. Und was ist das für eine Krankheit? Sie heißt Stress.

Die Stressreaktion

Wenn Stress eine gerade in unserer Zeit so verbreitete Erscheinung ist, muss er doch auch einen Sinn haben, nicht wahr? Nein, ich versichere Ihnen, dass es nicht so ist. Die Flucht-Abwehr-Reaktion kann bei Bedarf sehr sinnvoll sein, aber Stress, wie ich ihn definiere, dient keinem sinnvollen Zweck.

Nützliche Flucht-Abwehr-Reflexe sind nach meiner Definition einfach zweckdienliche vorübergehende Reaktionen auf reale äußere Bedrohungen. Ist die Gefahr vorüber, schalten Körper und Gehirn auf Normalbetrieb zurück. Keine Gefahr, keine Flucht-Abwehr-Reaktion.

Stress definiere ich dagegen als durch wiederkehrende Gedanken ausgelöste Folge von Flucht-Abwehr-Reaktionen, die keine Lösung finden und nach denen der Körper folglich nicht zum Normalbetrieb zurückkehren kann. Jede Einzelreaktion zieht die beschriebenen körperlichen Symptome nach sich – unterdrückte Verdauung, erhöhter Blutdruck, Belastung des Stütz- und Bewegungsapparats. Wenn sich diese durch Gedanken ausgelösten Reaktionen Tag für Tag wiederholen, fließen sie schließlich ineinander, und die Folgesymptome werden permanent, sodass Sie eigentlich ständig in dieser Flucht- oder Abwehrbereitschaft bleiben. Und das ist die Stressreaktion.

Sie ist als solche eigentlich schon Belastung genug, doch darüber hinaus wird inzwischen angenommen, dass Stress die Wahrscheinlichkeit und Intensität weiterer problematischer Erscheinungen erhöht: Kopfschmerzen, Drogen-, Alkohol- und Tabakmissbrauch, Depressionen, Schlafstörungen, Nacken- und Rückenschmerzen, Erschöpfung, Herz-Kreislauf-Erkrankungen, Asthma und möglicherweise sogar Krebs.

Abbau der Stressreaktion

Lange bevor wir Menschen mit unserer überbordenden inneren Bilderwelt auf den Plan traten, hatte die Evolution unsere Vorfahren mit einem genialen Mechanismus zum Abbau der Flucht-Abwehr-Reaktion beziehungsweise ihrer Folgesymptome ausgestattet: War die Krisensituation vorüber oder bewältigt, hatte also das Fischlein das rettende Seegras erreicht oder das Krokodil den Eindringling vertrieben, setzte die Gegenbewegung ein. Dieser vielfach »Entspannungsreaktion« genannte Mechanismus kehrt die von der Flucht-Abwehr-Reaktion ausgelösten physiologischen Veränderungen um: Die Verdauung kommt wieder in Gang, der Blutdruck normalisiert sich, und von den Knochen und Sehnen wird der Druck genommen. Kein Grizzly, keine Gazelle und kein Opossum muss ständig unter Stress stehen. Wird er benötigt, ist er da. Wenn nicht, nicht.

Für uns mit unseren kreisenden Stressgedanken ist das nicht so einfach. Aber auch wir können zu einem Ausgleich zwischen Stressreaktion und Entspannung – die eigentlich unser Normalzustand sein sollte – zurückfinden. Das beginnt mit unserem Atem.

Der Atem – die uns innewohnende Kraft

Ohne Atmung können wir nicht lange überleben, so viel weiß jeder. Vielleicht wissen Sie aber noch nicht, dass Sie die Stressreaktion schnell und ohne Umstände anhalten können, wenn Sie Ihre Aufmerksamkeit bewusst dem Atem zuwenden.

Auch hier gilt: Die Idee ist simpel, die Umsetzung jedoch kann etwas Mühe bereiten. Gerade wenn wir verängstigt oder wütend sind, vergessen wir leicht, dass diese unnützen Stressreaktionen so leicht abzufangen sind.

Zusammenfassung

- In Bewegung – also etwa beim Gehen, Joggen oder Autofahren – können wir Achtsamkeit walten lassen oder nicht. Niemand sieht es uns an, und deshalb können wir Achtsamkeit jederzeit »on the go« üben.

- Die Flucht-Abwehr-Reaktion diente ursprünglich dem Überleben. Sie setzte nur ein, wenn die Situation es verlangte, danach kehrte der Organismus in seinen Normalzustand zurück.

- Die Flucht-Abwehr-Reaktion hält die Verdauung an, hebt den Blutdruck und setzt den Stütz- und Bewegungsapparat erhöhter Belastung aus.

- Die Flucht-Abwehr-Reaktion ist durchaus nütz- lich, wenn Sie angegriffen werden oder unter einem Betonmischer eingeklemmt sind.

- Setzt die Flucht-Abwehr-Reaktion jedoch immer wieder auf bloße Gedanken hin ein, ist ihr Nutz- effekt nicht nur gleich null, sondern sie schadet sogar, weil sie alle möglichen körperlichen und seelischen Störungen begünstigt.

- Zum Glück ist es aber so, dass wir diese nutzlosen Flucht-Abwehr-Reaktionen einfach dadurch unterlaufen können, dass wir unsere bewusste Aufmerksamkeit dem Atemgeschehen zuwenden. Und genau damit wollen wir jetzt gleich anfangen.

3 Meditation in Bewegung: Grundtraining für die mentale Muskulatur

Genug geredet, genug von Evolutionsgeschichte und Theorie. Jetzt dürfen Sie sich auf die denkbar einfachste Art einen vorläufigen ersten Eindruck vom potenziellen Nutzen der Achtsamkeitspraxis verschaffen und sich vor Augen führen, wie Meditationsübungen Sie in diesen Zustand bringen. Sie müssen für unser Experiment nur einen Augenblick Ihrer Zeit opfern, Ihre Füße in Bewegung bringen und Ihre mentale Muskulatur ein wenig spielen lassen, um sich zu diesen vielleicht belanglos erscheinenden Tätigkeiten zu überwinden. Diese Übung ist so einfach, dass sie Ihnen banal erscheinen könnte, nicht der Mühe wert. Sie ist aber wichtig, machen Sie sie also trotzdem, und zwar am besten mit vollem Einsatz.

Übung 1: Gehen und zählen

1. Stehen Sie auf. Stellen Sie sich darauf ein, jetzt beim Gehen jeden Schritt zu zählen. Sie zählen jedes Aufsetzen des rechten oder linken Fußes.

2. Gehen Sie im Zimmer eher langsam, aber nicht betont langsam, einmal im Kreis herum. Im Freien oder in einem sehr großen Raum wählen Sie die Größe des Kreises so, dass Sie ihn in zehn bis zwanzig Sekunden abschreiten.

3. Zählen Sie beim Gehen innerlich die Schritte, die Sie für eine volle Runde brauchen. Achten Sie darauf, dass Sie wirklich jeden Schritt zählen, es ist wichtig.

4. Setzen Sie sich wieder hin.

Wenn es Ihnen schwerfiel, richtig zu zählen, versuchen Sie es noch einmal, bis es mühelos geht. Den meisten von Ihnen dürfte dies aber recht leichtgefallen sein.

Bei vielen der nachfolgenden Übungen wird es übrigens um dieses innere Zählen und später auch um das Benennen einer körperlichen Aktion gehen, also etwa der Schritte oder der Atemzüge. Lesen Sie die Übungsanleitung immer erst ganz durch, bevor Sie anfangen.

Wir erweitern die Übung jetzt um ein neues Element, und zwar um einen *leicht* ärgerlichen oder beängstigenden Gedanken. Es soll kein Gedanke sein, der die Wut in Ihnen hochkochen lässt oder an Ihre tiefsten Ängste rührt. Aber Sie sollten bei diesem Gedanken einen Anflug von Flucht-Abwehr-Reaktion spüren – flaues Gefühl im Bauch und Kribbeln auf dem Kopf oder ein Impuls, die Fäuste zu ballen und die Zähne zusammenzubeißen.

Wiederholen Sie also jetzt Übung 1 mit diesem Zusatz:

Übung 2: Gehen und zählen mit einem beunruhigenden Gedanken

1. Fassen Sie einen leicht beunruhigenden Gedanken. Bleiben Sie bei diesem Gedanken, bis Sie Symptome der Flucht- oder der Abwehrreaktion spüren, also Angst oder Ärger.

2. Stehen Sie auf.

3. Gehen Sie wie beschrieben im Kreis herum.

4. Zählen Sie beim Gehen die Anzahl der Schritte, die Sie für eine volle Runde benötigen. Achten Sie auf *genaues* Zählen.

5. Setzen Sie sich wieder hin.

Führen Sie sich vor Augen, was Sie eben gemacht haben und wie es sich angefühlt hat. Ich vermute stark, dass Sie Folgendes feststellen können: Als Ihre Aufmerksamkeit mit dem Beginn der Meditation im Gehen von dem beunruhigenden Gedanken auf das Zählen der Schritte überging, nahm der Einfluss des Gedankens ab, vielleicht verschwand er sogar ganz. Ich mache diese Übung gern mit Gruppen, und das können Kindergärtner, Topmanager oder Hospizpatienten sein. Anschließend frage ich immer: »Was ist mit dem beunruhigenden Gedanken passiert?« Die prägnanteste und zugleich erschöpfendste Antwort, die ich je bekommen habe, lautete schlicht: »Puff!« – der Gedanke war einfach weg. Ich sah dabei eine Seifenblase fliegen und platzen: spurlos und lautlos verschwunden.

Wie geht es weiter?

Sie haben jetzt die erste ganz elementare, aber auch wichtigste Lektion verinnerlicht: dass ein Gedanke, dem Sie Ihre Aufmerksamkeit entziehen, nicht mehr die Kraft hat, Sie zu gängeln.

Wenn wir die Aufmerksamkeit von einem leicht beunruhigenden Gedanken auf die bewusste Wahrnehmung der Anzahl unserer Schritte bei einem kleinen Kreisspaziergang verlagern, genügt das meistens, um eine nicht übermäßig starke Flucht-Abwehr-Reaktion abzufangen. Es ist unsere Entscheidung, auf einer anderen Wahrnehmungsebene aufmerksam zu sein und auf körperliche Aktivitäten anstatt auf Gedanken zu achten. Das ist bereits die erste Stufe des Achtsamkeitstrainings: Wir lernen, bewusst zu entscheiden, auf was wir zu welchem Zeitpunkt unsere Aufmerksamkeit richten. Im Moment geht es noch darum, diese bewusste Ausrichtung an Dingen auszuprobieren – in diesem Fall der Zählung unserer Schritte –, die nicht in sich selbst interessant sind.

Die äußerst einfachen Übungen dieses Kapitels bereiten Sie auf komplexere und noch wirksamere vor, die Sie im weiteren Verlauf erwarten. Sie müssen für diese anfänglichen Übungen nicht unbedingt viel Zeit aufwenden – es sei denn, Sie wollen sich ausgiebig damit beschäftigen. Andernfalls können

Sie die Übungen dieses Kapitels einschließlich der Lektüre meiner Erfahrung nach innerhalb von zehn bis fünfzehn Minuten abschließen. Es geht im Augenblick nur um einen ersten Eindruck.

Sie werden in den folgenden Kapiteln alle möglichen Meditationsübungen ausprobieren und so diejenigen finden, die sich am besten in Ihren Alltagsablauf einfügen lassen. Mit diesem Erkunden und Üben trainieren Sie bereits Ihre mentale Muskulatur, mit deren Hilfe Sie leichter in den Zustand der Achtsamkeit kommen.

Bleiben Sie dran

Zu dumm, dass die Ausbildung unserer Achtsamkeit so wenig unterhaltsam ist. Aber der Aufbau der mentalen Muskulatur erfordert nun mal intensive Konzentration auf Dinge, die an sich eigentlich langweilig sind. Sie müssen Ihren Geist irgendwie dazu bringen, beim gewählten Gegenstand zu bleiben. Wenn der Bizeps zunehmen soll, werden Sie unter anderem Hanteln stemmen, und das ist auf die Dauer auch nicht gerade kurzweilig. Sollte Ihnen die Übung also fad werden, können Sie dabei vielleicht schneller gehen oder sogar joggen, aber ich würde Ihnen nicht empfehlen, noch mehr zu unternehmen, um das Ganze interessanter zu machen. Es ist einfach Arbeit, und die macht nicht immer Spaß, lohnt aber den Aufwand.

Noch ein paar einfache Übungen im Gehen

Bei der nächsten Übung zählen Sie die Schritte nicht mehr, sondern benennen sie einfach mit »Schritt«. Sollte Ihnen das banal oder gar albern erscheinen, versuchen Sie es bitte trotzdem. Es dauert ja nicht lange.

Übung 3: Gehen und benennen

1. Stehen Sie auf.

2. Schreiten Sie Ihren Kreis ab, und sagen Sie dabei innerlich jedes Mal, wenn ein Fuß aufsetzt: »Schritt.«

3. Lassen Sie dabei größte Sorgfalt walten, lassen Sie keinen Schritt aus – wirklich, das ist wichtig.

4. Setzen Sie sich wieder hin.

Da Sie bei dieser Übung nicht die korrekte Zählung beachten müssen, kann es hier eher vorkommen, dass sich Gedanken aufdrängen. Das macht nichts.

Im Gegenteil, es ist gut zu wissen, dass sich beim bloßen Benennen eher Gedanken einschleichen als beim etwas anspruchsvolleren Zählen – so ist es nun mal, zumindest für den Anfang. Unabhängig davon, ob Sie dieses Phänomen bei sich festgestellt haben oder nicht, probieren Sie bitte jetzt auch noch die folgende Abwandlung der Zählmeditation aus.

Übung 4: Gehen und bis vier zählen

1. Stehen Sie auf.

2. Gehen Sie in gemächlichem und gleichmäßigem Schritt Ihre Runde, und zählen Sie dabei Ihre Schritte bis vier. Danach wieder bei eins anfangen, bis vier zählen und so weiter, bis die Runde abgeschlossen ist.

3. Setzen Sie sich wieder hin.

War das einfacher oder schwieriger, als die Gesamtzahl der Schritte zu zählen? Konnten Sie besser konzentriert bleiben als bei der Übung des Benennens, oder fiel es Ihnen schwerer? (Sollten Sie Musiker oder beim Militär sein, ist diese Übung vielleicht sogar *zu* einfach, sodass Sie leicht in andere Gedankengänge abschweifen. Das gibt sich mit etwas mehr Übung.)

Meditation und der Atem

Jetzt wird es Zeit, uns dem Atem zuzuwenden. Er ist zwar ein etwas subtileres Objekt als die Schritte, aber die folgende Übung dürfte Ihnen nicht schwerfallen und ist außerdem eine hochwirksame Meditation. Würden Sie nur diese eine Übung für den Rest des Lebens immer dann machen, wenn Sie zu Fuß irgendwohin unterwegs sind, könnten Sie sich davon tiefgreifenden und anhaltenden Nutzen versprechen.

Übung 5: Atmen und benennen im Gehen

1. Stehen Sie auf, um einmal tief, aber ohne viel Nachdruck auszuatmen.

2. Mit dem Beginn des Einatmens gehen Sie jetzt wieder im gewohnten gemächlichen Tempo im Kreis. Atmen Sie entspannt und so, wie es für Sie beim Gehen normal ist.

3. Sagen Sie beim Einatmen innerlich: »Ein.« Dehnen Sie es über die gesamte Dauer des Einatmens – »eeeiiiinnn«.

4. Beim Übergang zum Ausatmen wechseln Sie zu »aus«, das Sie wieder über die ganze Länge dehnen – »aaauuusss«.

5. Fahren Sie fort, bis Sie mindestens drei volle Atemzyklen so benannt haben. (Je nachdem, wie schnell Sie beim Gehen atmen, brauchen Sie dafür vielleicht mehrere Runden.)

6. Setzen Sie sich wieder hin.

Verweilen Sie noch in Gedanken bei dieser Übung. War es leicht, beim Benennen zu bleiben? Haben sich Gedanken aufgedrängt? Konnten Sie sich leichter konzentrieren als bei den anderen Gehübungen? Oder war es schwieriger oder ungefähr gleich? Urteilen Sie aber weder über sich (»Ich kann das nicht so gut«) noch über mich (»Dieses Buch ist zu simpel«). Forschen Sie einfach, beobachten Sie. Und wenn Sie bereit sind, gehen Sie zum nächsten Kapitel über.

Zusammenfassung

- Probieren Sie alle Übungen dieses Kapitels aus. Stellen Sie fest, bei welchen Sie leichter konzentriert bleiben können und bei welchen es Ihnen schwerfällt. Mehr als das haben Sie im Augenblick nicht zu tun.

- Die Übungen können Ihnen allzu simpel oder blöd oder langweilig erscheinen. Das ist in Ordnung. Den Geist bei etwas zu halten, worauf er eigentlich keine Lust hat, dient dem Aufbau der mentalen Muskulatur.

- Wenn Sie bis zur Übung 5 gelangt sind, haben Sie – zumindest sekundenweise – eine Technik angewendet, die selbst Fortgeschrittene in der Meditation als effektiv empfinden.

4 Verfeinerung des Trainings: Abwandlungen der Grundübungen

Das vorige Kapitel begann mit der Demonstration eines entscheidenden, wenn auch vielleicht offensichtlich wirkenden Zusammenhangs: Wenn wir die Aufmerksamkeit von einem beunruhigenden Gedanken abziehen, der eine Stressreaktion auslöst, bleiben die Auswirkungen dieser Stressreaktion aus. (Erinnern Sie sich bitte daran, dass wir alle nicht der Selbsterhaltung dienenden Flucht-Abwehr-Reaktionen als Stressreaktion bezeichnen, da sie sonst zu nichts weiter nütze sind.)

Im vorigen Kapitel haben Sie außerdem mit Meditationen begonnen, bei denen es um das Zählen, Benennen und Atmen in Bewegung (beim Gehen) ging. Nach jeder Übung haben Sie sich klargemacht, wie einfach oder schwierig es für Sie war, Ihre

Aufmerksamkeit während der Übung fokussiert zu halten.

Notwendige Schritte

Bevor wir unser Repertoire an Meditationsübungen erweitern, fragen wir uns am besten noch einmal, weshalb wir das hier machen. Da Sie dieses Buch lesen, möchten Sie wahrscheinlich ein bisschen mehr Achtsamkeit in Ihr Leben bringen. Für dieses schöne, aber auch ehrgeizige Ziel müssen Sie eine Reihe vorbereitender Schritte beherrschen. Beim ersten genügt das Lesen: zu verstehen, was Achtsamkeit ist, wie sich der Flucht-Abwehr-Reflex auf das körperliche Geschehen auswirkt und wie Sie die Stressreaktion unterbrechen können. Das haben Sie bereits gemacht. Im nächsten Schritt müssen Sie ein paar grundlegende Meditationsübungen erlernen. Auch damit haben Sie bereits angefangen, und wir werden das Training jetzt vertiefen.

Wer Musiker werden will, übt zunächst Tonleitern und das Spielen einzelner Noten mit der richtigen Intonation. Ein Neuling im Basketball lernt das Dribbeln und Passen. Mit diesem Können bringt man es noch nicht bis zu den Philharmonikern oder in die Profiliga, aber ohne kommen angehende Musiker oder Basketballer nirgendwohin.

Angst, Ärger und Stress sind schlecht für die Achtsamkeit

Wenn wir achtsamer werden möchten, müssen wir mit Angst und Ärger so umzugehen lernen, dass sie in unserem Leben weniger Stress erzeugen. Solange Angst, Ärger und Stress im Vordergrund unserer Aufmerksamkeit stehen, können wir nicht achtsam sein. Und um den Griff dieser emotionalen Zustände zu lockern, müssen wir unsere mentale Muskulatur soweit aufbauen, dass wir die von diesen Gefühlsregungen ausgelöste Stressreaktion unterbrechen können.

Ein ausgezeichnetes Mittel gegen die Stressreaktion besteht in der Ausrichtung unserer Aufmerksamkeit auf die Atmung. Deshalb gehören Atemmeditationen zu den wichtigsten Bestandteilen unseres Übungsplans. Da werden es allerdings die geschäftigen Bewegungsmenschen vom Typ Biene etwas schwer haben; es fällt ihnen nicht leicht, sich für mehr als einen Moment auf »nichts weiter« als den Atem zu konzentrieren. Das ist weder positiv noch negativ, aber gut zu wissen. Es bedeutet einfach, dass wir unsere Meditationen mit etwas Bewegung anreichern müssen. Lassen Sie also noch eine Anleitung zur Atembeobachtung und eine weitere stationäre Atemübung über sich ergehen – und dann wird Bewegung in die Sache kommen.

Atmen

Ihre erste Atemmeditation war Übung 5 im vorigen Kapitel. Bei dieser der tibetischen Vipassana-Tradition entnommenen Übung geht es um nichts weiter, als jedes Einatmen mit »ein« und jedes Ausatmen mit »aus« zu benennen.

Manche meiner Leser wissen vielleicht, dass ich nicht nur über Kognitionswissenschaft und Achtsamkeit schreibe und Vorträge halte, sondern auch über die *Blues Harp*, die Blues-Mundharmonika, die ich darüber hinaus selbst spiele. Da muss man sehr genau auf seine Atmung achten, da das Instrument beim Blasen und Ziehen verschiedene Töne spielt. Wer nicht Mundharmonika spielt, achtet vermutlich nicht ganz so genau auf seinen Atem.

Nehmen Sie sich also jetzt einen Augenblick Zeit, um sich mit den körperlichen Vorgängen beim Atmen vertraut zu machen. Der flächige Muskel, den wir Zwerchfell nennen, spannt sich unter unseren Lungenflügeln und mit diesen verbunden quer durch den unteren Brustraum. Am Beginn des Einatmens ist die Lunge relativ leer und klein, das Zwerchfell entspannt nach oben gewölbt. Dann spannt sich das Zwerchfell an und senkt sich nach unten, wobei es die Lunge mitzieht, die sich dadurch wie ein Blasebalg mit Luft füllt. Beim Ausatmen wölbt sich das Zwerchfell nach oben und drängt so die Luft durch Nase und Mund aus der Lunge.

Legen Sie die Hände auf den Oberbauch, und fühlen Sie ein paar Atemzüge lang dieses Wechselspiel von Expansion beim Einatmen und Kontraktion beim Ausatmen. Jetzt sind Sie bereit für die nächste Meditation.

Übung 6: Im Sitzen die Atemzüge benennen und zählen

1. Setzen Sie sich bequem hin. Wenn Sie soweit sind, gehen Sie am Ende eines vollständigen Ausatmens zum zweiten Schritt über.

2. Vom Beginn des Einatmens an sagen Sie innerlich wie gehabt gedehnt »ein«, und am Ende des Einatmens zählen Sie »eins«. Versuchen Sie, das so zu timen, dass Sie rechtzeitig zum Einsetzen des Ausatmens »eins« gesagt haben.

3. Vom Beginn des Ausatmens an sagen Sie innerlich gedehnt »aus« und am Ende »eins«. Versuchen Sie es wieder so zu machen, dass Sie »eins« sagen, wenn die Lunge gerade (und ohne Nachdruck) leer ist.

4. Mit Beginn des nächsten Einatmens wiederholt sich Schritt 2, nur dass Sie jetzt am
Ende »zwei« zählen.

5. Mit Beginn des nächsten Ausatmens wiederholt sich Schritt 3, nur dass Sie jetzt am
Ende »zwei« zählen.

6. Bleiben Sie noch zwei volle Atemzyklen dabei: »ein ... drei, aus ... drei« und »ein ...
vier, aus ... vier«.

7. Stopp. Vergegenwärtigen Sie sich kurz, ob
das leichter oder schwieriger war als in den
Übungen 1 bis 5.

Aufmerksam bleiben: Was fällt Ihnen leicht, was ist schwer?

Wie schon angemerkt, ist es nicht schwierig, mit der
Aufmerksamkeit bei einem aufregenden Krimi oder
bei einer wirklich ulkigen Fernsehcomedy zu bleiben. Mentale Muskulatur wird aber nur aufgebaut,
wenn wir unsere Aufmerksamkeit bei etwas halten,
was nicht von sich aus interessant ist. Deshalb sieht
sich ein Meditationsanfänger vor ein Problem gestellt. Je subtiler und flüchtiger das Meditationsob-

jekt ist, desto größer ist der Trainingseffekt für die mentale Muskulatur, wenn man darauf konzentriert bleibt; wird es andererseits zu schwierig, ist die Wahrscheinlichkeit groß, dass der Anfänger einfach das Handtuch wirft (wie es mir bei meinen frühen Versuchen des Öfteren passiert ist). Um also eine Meditationsübung zu finden, mit der wir zurechtkommen, müssen wir viele ausprobieren. So ermitteln wir Meditationsobjekte, die sowohl ausreichend subtil sind als auch der Konzentrationsfähigkeit keine zu hohen Hürden setzen. Ein James-Bond-Film verlangt uns überhaupt keine Konzentrationsfähigkeit ab, während die Anforderung der tiefen geistigen Sammlung auf die Mysterien des Absoluten wahrscheinlich einfach zu hoch ist.

Wenn ich »leicht« und »schwer« sage, verbinde ich damit kein Urteil; Sie hoffentlich auch nicht. Urteile, ob sie uns selbst oder anderen gelten, erzeugen in den meisten, wenn nicht in allen Fällen seelische Schmerzen und Stress. In einem späteren Kapitel wird es um die Beurteilung unserer Gedanken gehen. Einstweilen urteilen Sie bitte nicht über Ihre Befähigung zu diesen Übungen. Nehmen Sie einfach wahr, welche Ihnen leichter fallen und bei welchen Sie nur mit Mühe aufmerksam bleiben können. Das ist einfach nur gut zu wissen.

Übung 6, die wir eben gemacht haben, verbindet das Benennen mit dem Zählen und fällt manchen

Menschen deshalb leichter als das bloße Benennen wie in Übung 5. Zwei Dinge innerlich im Auge behalten zu müssen ist ein wenig knifflig und gibt uns deshalb einen Anreiz, mit relativ starker Konzentration bei unserer Übung zu bleiben.

Jetzt aber etwas für die geschäftigen Bienen. Wir versuchen die Übung, die wir eben im Sitzen gemacht haben, jetzt einmal im Gehen – einstweilen aber nur auf unserem kleinen Rundkurs.

Übung 7: Benennen und zählen im Gehen

1. Stehen Sie auf. Mit Schritt 2 werden Sie am Ende des nächsten entspannten Ausatmens beginnen.

2. Sobald das Einatmen einsetzt, beginnen Sie, in angenehmem Tempo zu gehen, langsam und stetig. Sie benennen das Einatmen innerlich mit »ein« und zählen am Ende »eins«. Versuchen Sie, es so abzustimmen, dass Sie mit dem Zählen genau den Punkt vor dem Beginn des Ausatmens treffen.

3. Das Ausatmen benennen Sie mit einem langgezogenen »aus« und zählen am Ende »eins«. Versuchen Sie, es wieder so zu treffen, dass die Lunge beim Zählen gerade leer ist (aber ohne Nachdruck).

4. Beim nächsten Einatmen wiederholt sich Schritt 2, nur dass Sie am Ende »zwei« zählen.

5. Beim nächsten Ausatmen wiederholt sich Schritt 3, nur dass Sie am Ende »zwei« zählen.

6. Wiederholen Sie das zwei weitere volle Atemzyklen lang: »ein ... drei, aus ... drei« und »ein ... vier, aus ... vier«.

7. Stopp. Nehmen Sie wahr: War es leicht? Schwer? Sie beobachten nur, ohne Urteil.

Was liegt Ihnen?

War es für Sie bei dieser Meditation in Bewegung leichter oder schwerer, aufmerksam zu bleiben, als bei der vorangehenden Atemübung 6 im Sitzen? Nur Sie selbst können beurteilen, wie sich etwas für Sie anfühlt. Wenn Sie sich also mit den weiteren Übungen dieses Kapitels befassen, machen Sie sich bitte jedes Mal klar, wie leicht oder schwer Sie sich auf die jeweilige Aufgabe konzentrieren konnten. Darauf können Sie dann zurückgreifen, wenn es im nächsten Kapitel um die Individualisierung Ihrer Achtsamkeitsmethode geht.

Fragen Sie sich also bei diesen Experimenten: Unterstützt das Benennen Ihre Konzentration besser als das Zählen? Oder umgekehrt? Hat beides zugleich die beste Wirkung? Bringt beides zugleich Sie eher durcheinander? Können Sie sich im Sitzen besser auf den Atem konzentrieren, oder fällt es Ihnen beim Gehen leichter?

Übung 8: Längere Gehübung mit Benennen und Zählen der Atemzüge bis zehn

Diese Übung ist wie die letzte, nur länger. Sie gehen einfach weiter, bis Sie zehn statt vier Atemzüge gezählt und benannt haben. Dazu benötigen Sie je nach Größe des zur Verfügung stehenden Raumes vielleicht mehr als eine Runde beziehungsweise müssen auf Ihrem Weg kehrtmachen. Das ist vollkommen okay, gehen Sie einfach atmend, benennend und zählend weiter.

Wie in Übung 7 sollten Sie mit der Zählung immer dann gerade fertig sein, wenn der Atem von selbst in die Gegenrichtung wechseln möchte. Wenn Sie Mühe haben, bis zehn zu kommen, ohne den Faden zu verlieren, fällt es Ihnen vielleicht bei der nächsten Übung leichter, konzentriert zu bleiben. Kritisieren Sie sich aber nicht, urteilen Sie nicht – finden Sie einfach nur heraus, was Ihnen am meisten liegt.

Übung 9: Längere Gehübung mit Benennen und Zählen der Atemzüge bis vier

Der Verlauf ist wie in Übung 7, nur dass Sie nach vier vollständigen Atemzügen gleich noch einmal vier anschließen, insgesamt also acht. Auch hier kann es sein, dass Sie kehrtmachen oder mehr als eine Runde gehen müssen.

Fragen Sie sich anschließend, ob Übung 8 mit zehn vollständigen Atemzyklen oder Übung 9 mit zweimal vier Atemzügen leichter für Sie war.

Wie oft und wo übe ich am besten?

Im Moment geht es für Sie nur darum, verschiedene Meditationsübungen auszuprobieren und herauszufinden, wie leicht oder schwer es Ihnen jeweils fiel, konzentriert zu bleiben. Wenn Sie erst ein auf Ihre Bedürfnisse zugeschnittenes Achtsamkeitsprogramm haben, werden Sie die Meditationen Ihrer Wahl viele Male wiederholen. Vorläufig forschen Sie eher in die Breite als in die Tiefe. Probieren Sie alle

Übungen ein- oder zweimal aus, höchstens dreimal. Variieren Sie auch die äußeren Bedingungen ein wenig, setzen Sie sich auf einen anderen Stuhl, gehen Sie in einem anderen Zimmer. Irgendwann wollen Sie die Übungen ja überall machen können, ohne sich unsicher zu fühlen. Bauen Sie diese Flexibilität am besten jetzt schon auf.

Die nächste Erweiterung

In den folgenden beiden Übungen zählen Sie nicht mehr Atemzüge, sondern wie ganz am Anfang Ihre Schritte. Sie bleiben aber mit der Aufmerksamkeit gleichzeitig beim Atem. Wie geht das? Machen Sie einen kleinen Spaziergang, und zählen Sie dabei, wie viele Schritte Sie bei jedem entspannten Einatmen und Ausatmen machen. Das mag zunächst ein bisschen viel auf einmal sein, aber viele aktive Menschen empfinden das als besonders wirksames Training ihrer mentalen Muskulatur. In Übung 10 zählen Sie zunächst nur die Schritte beim Ausatmen: Wie viele bequeme Schritte machen Sie bei einem vollständigen, entspannten Ausatmen? Danach, in Übung 11, geht es dann um die Anzahl der Schritte sowohl beim Aus- als auch beim Einatmen.

Übung 10: Gehübung mit Schrittzählung beim Ausatmen

1. Stehen Sie auf. Die Übung beginnt am Ende eines vollständigen entspannten Einatmens.

2. Mit dem Beginn des Ausatmens tun Sie den ersten Schritt und benennen ihn mit »eins«; gehen Sie in gleichmäßigem, angenehmem Tempo weiter.

3. Während Sie weiter ausatmen, benennen Sie jeden weiteren Schritt beim Aufsetzen des Fußes laut oder flüsternd oder innerlich mit seiner Zahl. Legen Sie es nicht auf möglichst viele oder möglichst wenige Schritte an. Verzeichnen Sie nur, wie viele bequeme Schritte Sie bei einem entspannten Ausatmen machen.

4. Sobald das Einatmen entspannt einsetzt, hören Sie mit dem Zählen der Schritte auf.

5. Setzen Sie das über sechs volle Atemzyklen fort. Beim Ausatmen zählen, beim Einatmen nicht.

War die Anzahl der Schritte bei jedem Ausatmen gleich, oder ergaben sich deutlich unterschiedliche Zahlen?

Bei den meisten Menschen bleibt die Anzahl der Schritte beim Ausatmen relativ gleich, vielleicht mal ein Schritt mehr oder weniger, höchstens zwei. Sollten Sie allerdings Ihre Schrittgeschwindigkeit unterwegs ändern, ergeben sich natürlich auch unterschiedliche Zahlen. Sehen Sie also vorläufig zu, dass Sie möglichst gleichmäßig gehen. Und wie gesagt, es kommt nicht auf möglichst viele oder wenige Schritte an; Sie beobachten nur, was passiert.

Da Sie Ihre durchschnittliche Schrittzahl beim Ausatmen jetzt bestimmt haben, können Sie zur nächsten Meditation übergehen.

Übung 11: Gehübung mit Atembenennung und Schrittzählung

Bei dieser Übung legen Sie die in Übung 10 ermittelte durchschnittliche Schrittzahl nicht nur für das Ausatmen, sondern auch für das Einatmen zugrunde. Wenn Sie beispielsweise drei Schritte als Durchschnitt ermittelt haben, stimmen Sie die Atmung und das Gehen so aufeinander ab, dass Sie beim Ausatmen und beim Einatmen jeweils drei Schritte gehen – oder eben vier, wenn das Ihr Durchschnitt war. In der Übung gehe ich von drei Schritten aus, aber wenn es bei Ihnen vier waren, nehmen Sie eben vier.

1. Stehen Sie auf. Atmen Sie entspannt vollständig ein. Machen Sie sich bereit, am Beginn des Ausatmens den ersten Schritt zu tun.

2. Mit dem beginnenden Ausatmen setzt Ihr Fuß zum ersten Schritt auf.

3. Bezeichnen Sie diesen ersten Schritt beim Aufsetzen des Fußes innerlich mit »aus«. Die weiteren Schritte des Ausatmens bezeichnen Sie mit »zwei« und »drei« und gegebenenfalls »vier«. Die ganze Abfolge lautet dann »aus ... zwei ... drei (... vier)«.

4. Sobald Sie ohne Druck vollständig ausgeatmet haben, setzen Sie am Beginn des Einatmens den Fuß zum ersten Schritt auf und bezeichnen ihn mit »ein«; dann folgt für die Dauer des Einatmens wieder »zwei« und »drei« und eventuell »vier« jeweils beim Aufsetzen des Fußes.

5. Setzen Sie das über mindestens vier vollständige Atemzyklen fort, wenn Sie mögen, auch mehr.

Steuern Sie Ihre Atemstärke so, dass Sie während der drei Schritte (beziehungsweise der in Übung 10 ermittelten durchschnittlichen Schrittzahl) entspannt vollständig ausatmen und dann bei den nächsten drei Schritten ebenso entspannt und vollständig einatmen können. Falls sich das Ausatmen oder Einatmen ein wenig angestrengt anfühlt, können Sie die Schrittzahl pro Atemzug reduzieren, beispielsweise von drei auf zwei. Sollten Sie das Gefühl bekommen, dass Sie schneller oder nachdrücklicher atmen müssen als sonst, erhöhen Sie einfach die Schrittzahl pro Atemzug, etwa von drei auf vier.

Das ist, glaube ich, meine Lieblingsübung für das Training der mentalen Muskulatur, und sie ist besonders gut in meinen normalen Tagesablauf zu integrieren. Im nächsten Kapitel zeige ich Ihnen, wie das aussehen kann.

Zusammenfassung

- Wenn wir achtsam werden möchten, müssen wir den Einfluss von Ärger, Angst und Stress auf unser Leben reduzieren.

- Stressgefühle lassen sich beherrschen, wenn wir unsere mentale Muskulatur soweit aufbauen, dass wir mit der Aufmerksamkeit beim Atem bleiben können, und zwar in jeder äußeren oder inneren Verfassung oder Situation.

- Unsere mentale Muskulatur trainieren wir dadurch, dass wir uns um fokussierte Aufmerksamkeit bei unseren Meditationsübungen bemühen. Dabei nehmen Übungen, die sich um Atemkonzentration drehen, einen besonders hohen Stellenwert ein.
Wir probieren eine Reihe verschiedenartiger Meditationsübungen aus und halten fest, wie schwer oder leicht es uns fällt, konzentriert zu bleiben; dadurch finden Sie schnell heraus, welche Übungen für Sie am besten geeignet sind – Sie individualisieren Ihr Übungsprogramm. Machen Sie also alle Übungen der Kapitel 3 und 4 mindestens einmal.

- Menschen vom Typ »Biene« – agil, aktiv, geschäftig – werden sich wahrscheinlich in Bewegung besser konzentrieren können.

- Beim Ausprobieren der Übungen sollten Sie einfach registrieren, bei welchen Formen Sie sich leichter konzentrieren können und welche Ihnen schwerer fallen. Sie urteilen nicht, Sie beobachten lediglich.

5 Eine maßgeschneiderte Achtsamkeitsmethode

Im vierten Kapitel haben Sie sich (hoffentlich) an einer Reihe langsam anspruchsvoller werdender Meditationsübungen versucht, zuletzt an der wichtigen und von mir als besonders nützlich angesehenen Übung 11, in der wir die Benennung der Atemzüge mit dem Zählen der Schritte verknüpfen.

In mehreren spirituellen Traditionen wird eine Geschichte erzählt, die mit dieser oder jener Abwandlung grundsätzlich so geht: Ein großer Weiser begibt sich auf eine Insel, deren Bewohner zwar von sehr spiritueller Ausrichtung sind, aber nur eine einzige spirituelle Praxis kennen. Sie zählen ihren Atem bis drei. Und das tun sie oft. Sie tun nichts anderes. Und immer nur bis drei.

Der große Weise kennt natürlich viele Formen der Meditation mitsamt den ausführlichen metaphysischen Informationen zu ihrer Nützlichkeit und Bedeutung. Darin unterweist er nun die Inselbewohner einen vollen Monat (ein Jahr, zehn Jahre) lang. Als sein Werk getan ist, verabschiedet er sich von dem jetzt zu seiner Zufriedenheit unterwiesenen Inselvölkchen. Während der Überfahrt ans Festland sieht er jedoch hinter sich auf dem Wasser ein seltsames Wimmeln, das sich rasch nähert. Es sind die Inselbewohner, die übers Wasser dahergelaufen kommen. Sie rufen: »Erhabener, gib uns noch einmal deine Anleitungen, wir haben sie schon wieder vergessen!« Da wird ihm wohl aufgegangen sein, dass eine beharrlich verfolgte simple Übung auch ihren Nutzen hat.

Die Moral? Nun, wenn es um die Wirkung der Achtsamkeitspraxis geht, gilt womöglich für viele von uns, dass beharrliches Üben mehr zählt als Methodenvielfalt und metaphysische Tiefe. Ein paar einfache Meditationen oder auch nur eine einzige, die wir fest in unseren Tagesablauf einbinden und bei Bedarf jederzeit anwenden können, bringen uns mehr als anspruchsvolle Übungsformen und differenzierte Kenntnisse über das Wesen der Achtsamkeit. Wenn Sie sich mit einfachen Techniken ein wenig von Angst, Ärger, schädlichem Verlangen und Stress befreit haben, werden Sie irgendwann vielleicht auch die eher esoterischen Aspekte studieren wollen; aber einstweilen wollen wir uns lieber an den Inselbewohnern orientieren und uns ein paar simple, leicht umzusetzende Achtsamkeitsübungen schneidern, mit denen wir jetzt gleich anfangen können, unsere mentale Muskulatur aufzubauen.

Welche Meditation für den Anfang?

Fangen Sie am besten mit einer ganz leichten Meditation an – damit meine ich: leicht *für Sie*. Bei welchen Übungen der Kapitel 3 und 4 konnten Sie ohne besondere Mühe konzentriert bleiben, und welche waren schwieriger? Das lässt sich bei Übungen, in denen etwas gezählt wird, leicht daran feststellen, ob Sie beim Zählen den Faden verloren haben oder nicht. Zu Übungen, bei denen etwas benannt wird, können Sie sich fragen: »Kam es vor, dass ich an etwas ganz anderes gedacht und das Benennen völlig vergessen habe?«

Fiel Ihnen das Zählen und Benennen der Atemzüge (Übung 7) leichter als das bloße Benennen (Übung 5), oder war es schwieriger? War das Zählen und Benennen der Atemzüge (Übung 7) im Hinblick auf die Konzentration leichter oder schwerer als das Benennen des Atems und das Zählen der Schritte (Übung 11)? Aber zerbrechen Sie sich darüber bitte nicht den Kopf. Überlegen Sie einfach kurz, ob irgendetwas deutlich leichter oder schwieriger war als etwas anderes.

Was ist besser: leicht oder schwer?

Ob es besser ist, Übungen zu machen, die Ihnen einiges abverlangen, oder solche, die Ihnen leicht fallen, lässt sich nicht pauschal beantworten. Wenn Sie völliger Neuling oder noch Anfänger sind, dürften leichte Meditationsübungen geeignet sein, bei denen Sie lange genug konzentriert bleiben können, um, sagen wir, vier Atemzüge zu benennen und zu zählen. Sobald Sie das jedoch einigermaßen beherrschen, können Sie sich etwas vornehmen, was Sie ein wenig mehr herausfordert. Wenn Sie sich erstmals ein Fitnessprogramm verordnen und noch gar nicht gut in Form sind, bleiben Sie bei Liegestützen wahrscheinlich anfangs noch mit den Knien am Boden. Sobald Sie jedoch an Kraft zulegen, wird ein guter Trainer Ihnen zeigen, wie Sie zu richtigen Liegestützen übergehen können.

Wie könnte eine »schwierigere« Meditation aussehen? Nun, wenn Sie eine Übung einfach länger machen, erhöht sich natürlich auch die Anforderung an Ihre Konzentrationsfähigkeit. Probieren Sie also aus, wie es ist, wenn Sie Ihre Atemzüge bis zehn oder zwanzig oder noch weiter benennen und zählen (für mich waren zehn anfangs durchaus eine Herausforderung). Auch manche der Meditationen weiter hinten in diesem Buch werden Sie vielleicht als schwieriger empfinden. Aber wenn Sie einfach Ihre

Konzentrationsfähigkeit trainieren wollen, sind Sie für den Augenblick bestens bedient, wenn Sie die bereits ausprobierten Übungen schlicht verlängern.

Eine Mindestanforderung

Wenn es darum geht, Ihr Stresslevel zu senken, brauchen Sie ganz bestimmt keine neuen Verhaltensvorschriften. Sie möchten die Dinge genau betrachten und neue Wege finden; mit noch mehr Anlass zu Selbstkritik ist Ihnen nicht gedient. Natürlich gibt es trotzdem so etwas wie eine Mindestanforderung, die Sie irgendwann nach der Eingewöhnungsphase erfüllen sollten. Sie besteht darin, dass Sie bei Übung 7 oder 11 mindestens vier Atemzüge lang konzentriert und aufmerksam bleiben können. Solange Sie das bei keiner der beiden Übungen schaffen, versuchen Sie, sich nach den folgenden Anleitungen dem Ziel anzunähern:

1. Lesen Sie weiter und widmen Sie sich unterwegs immer wieder mal diesen beiden Übungen. Gehen Sie also von jetzt an alle paar Seiten zu der Übung zurück, die Ihnen leichter erscheint, und setzen Sie das so lange fort, bis Sie vier Atemzüge lang konzentriert bei der Sache bleiben können.

2. Sollten Sie im Weiterlesen auf eine an den Atem angelehnte Übung in diesem Kapitel stoßen, bei der Ihnen die Konzentration leichter fällt, dann bleiben Sie bei dieser Übung.

3. Sie können die Lektüre auch unterbrechen und so lange bei Übung 7 oder 11 bleiben, bis Sie zuverlässig vier Atemzüge lang konzentriert bleiben können.

4. Sollte Ihnen das trotzdem noch sehr schwer fallen, versuchen Sie es mit diesem Vorgehen: Wenn Sie auch nur einen Atemzug lang bei Übung 7 bleiben können (»ein ... eins, aus ... eins«) oder bei Übung 11 (»ein ... zwei ... drei, aus ... zwei ... drei«), dann genügt auch das – vorausgesetzt, Sie halten sich an den Abschnitt »Wichtig: Was, wenn Sie den Faden verlieren?«, der Übung 13 vorausgeht. Sollte dies auf Sie zutreffen, lesen Sie diesen Abschnitt bitte jetzt gleich.

Meditation im Gehen – wann, wo und wie lange?

Bei den Anleitungen fordere ich Sie vielfach auf, einen »Augenblick« oder »ungefähr eine halbe Minute« lang zu gehen. Das darf so ungenau sein, weil

Häufigkeit wichtiger ist als Dauer. Ich hätte gern, dass Sie jeden Tag möglichst viele dieser Meditationen machen und immer so lange, wie es Ihnen gerade angenehm ist.

Wann also meditieren Sie und wo und wie lange? Ganz einfach: überall und jederzeit. Achtsamkeit unterwegs ist genau das Gegenteil all der Meditationsformen, bei denen Sie längere Zeit am Stück an einem der Meditation vorbehaltenen Platz verweilen. Mit derartigen Übungen kann man die mentale Muskulatur schnell aufbauen, keine Frage. Ich nehme selbst gelegentlich an Retreats teil und fühle mich nach fünf oder zehn Tagen energiegeladen und wie neugeboren. Außerdem ist meine Achtsamkeit dann so stark, wie sie nur werden kann. Aber wenn ich dann nicht meine in den Alltag eingebaute begleitende Meditation von Augenblick zu Augenblick fortsetze, habe ich das im Retreat Gewonnene schnell wieder verloren.

Gelegenheiten finden

Jetzt wollen wir ein paar Situationen in Ihrem Alltagsleben ausfindig machen, in denen sich kurze Meditationen unterbringen lassen. Zum Beispiel werden Sie vermutlich manchmal kurze Wege zu Fuß zurücklegen, und dann können Sie eine Übung machen, die nur vier Atemzüge lang ist. Das stellen meine Schüler immer wieder fest: Der Gang vom Computer zum Wasserspender oder Netzwerkdrucker oder auf die Toilette eignet sich wunderbar für eine kurze Atemübung im Gehen.

Mein Büro liegt im zweiten Stock, alle anderen Mitarbeiter und die gesamte Infrastruktur befinden sich im ersten. Die Treppe nehme ich sicher dreißig, vierzig Mal am Tag und habe mir auch schon ein Schild angebracht, auf dem »Vorsicht Stufen!« steht. Es soll mich daran erinnern, *jedes Mal* aufmerksam zu sein, wenn ich nach unten oder nach oben gehe. Wenn ich den Fuß auf die erste Stufe setze, mache ich mir bewusst, ob ich gerade aus- oder einatme, und gehe sofort zur Gehübung mit Atembenennung und Schrittzählung über (wie in Übung 11). Nach den vierzehn Stufen beende ich die Übung entweder oder setze sie im Weitergehen fort.

Tagesziel: mindestens sechs Gelegenheiten nutzen

Jetzt möchte ich, dass Sie mindestens sechs Gelegenheiten zu einer kurzen Übung (nicht weniger als vier Atemzüge) benennen, die sich Ihnen täglich bieten. Nehmen Sie sich bitte fest vor, diese Gelegenheiten konsequent zu nutzen. Ein Beispiel könnte so aussehen: »Immer wenn ich zur Toilette oder zurück gehe, mache ich mindestens vier Atemzüge lang eine Geh-übung mit Benennung und Zählung der Atemzüge« (Übung 7). Vielleicht fallen Ihnen drei verschiedene Gelegenheiten ein, die jeweils zweimal pro Tag anfal-len, etwa so: »Je zweimal am Tag, nämlich von der Haustür zur Garage beziehungsweise zurück, vom Parkplatz zum Büroeingang beziehungsweise zurück und von meinem Arbeitsplatz zur Kantine bezie-hungsweise zurück werde ich mindestens vier Atem-züge lang eine Gehübung mit Atembenennung und Schrittzählung machen« (Übung 11).

Je mehr Sie sich diese Meditationen in bestimm-ten Situationen zur Gewohnheit machen, desto leichter erinnern Sie sich und machen die Übung dann tatsächlich. Vielleicht geht es Ihnen wie mir, dass aus einer stumpfsinnigen Aufgabe bald ein kleiner Urlaub für den Kopf wird. Vor allem aber trainieren Sie mit diesen Übungen jedes Mal Ihre mentale Muskulatur, die Ihnen schließlich Kontrolle über Ihre Gedanken und Gefühle gibt.

Abwandlungen der Übungen

Denken Sie bitte nicht, Abwandlungen der bereits ge-übten Grundformen seien eine höhere Herausforde-rung für die Konzentration. Es kann sogar sein, dass

Sie hier etwas finden, was Ihnen besonders liegt. Probieren Sie alles aus, dann wissen Sie Bescheid.

Die Varianten im Sitzen eröffnen Ihnen weitere Möglichkeiten. Vermerken Sie einfach die Augenblicke, in denen Sie sitzen, um dann nicht unbedingt die Zeitung zu lesen oder sich mit trübsinnigen Selbstgesprächen über den verspäteten Bus oder den allzu langsamen Kellner zu befassen, sondern die Zeit für etwas Nützliches und Wichtiges zu nutzen.

Übung 12: Abgewandelte Gehübung mit Atembenennung und Schrittzählung

In Übung 10 haben Sie die durchschnittliche Schrittzahl während eines Ausatmens ermittelt. Danach, in Übung 11, haben Sie diese Anzahl Schritte für jedes Einatmen und jedes Ausatmen zugrunde gelegt und jeden Atemzug mit seinen Schritten benannt – »ein ... zwei ... drei, aus ... zwei ... drei«. Bei der jetzt folgenden Übung lassen Sie jedes Einatmen und Ausatmen so lang sein, wie es von selbst möchte, und zählen einfach die Schritte, die das jeweils braucht. Sie bemühen sich also nicht um Abstimmung von Atemlänge und Schrittzahl.

1. Stehen Sie auf, um entspannt vollständig auszuatmen.

2. Beginnen Sie, in gleichmäßigem und gemächlichem Tempo zu gehen, wobei der Fuß am Beginn des Einatmens aufsetzt. Genau beim Aufsetzen sagen Sie innerlich »eins« und benennen die weiteren Schritte dieses Einatmens mit »zwei«, »drei« und so weiter, bis Sie ganz, aber ohne Nachdruck eingeatmet haben.

3. Beim Ausatmen zählen Sie wieder jeden Schritt genau beim Aufsetzen des Fußes, beginnend mit »aus« und dann »zwei ... drei« und so weiter, bis zum Ende des Ausatmens.

4. Gehen Sie atmend und zählend weiter. Wenn Sie beim Einatmen mehr Schritte machen als beim Ausatmen oder umgekehrt, lassen Sie es einfach zu. Sie beobachten das nur und benennen Ihre Schritte, aber Sie steuern nichts.

5. Experimentieren Sie mit schnellerer und betont langsamer Gangart, wobei Sie jedoch immer die Richtung des Atems benennen, »ein« und »aus« und die Schritte bei jeder Atemphase zählen.

Wichtig: Was, wenn Sie den Faden verlieren?

Jetzt kommt der entscheidende Punkt. Wenn Sie beim Zählen aus dem Tritt kommen oder vergessen, den Atemwechsel zu benennen – und dazu wird es mit großer Wahrscheinlichkeit irgendwann kommen –, wird sich vielleicht eine Unmutsregung zeigen, zum Beispiel: »Ich kann das einfach nicht.« Oder: »Wieso bekomme ich nie irgendetwas richtig hin?« Oder auch: »Was für blöde Übungen!« In dem Fall müssen Sie *sofort* am Beginn des nächsten Einatmens von vorn anfangen – »ein ... zwei ... drei ... vier« und so weiter.

Das hat auch sein Gutes. Mit diesem Verfahren – bemerken, dass Sie den Faden verloren haben, Unmutsgedanken abschneiden und gleich anschließend mit voller Konzentration erneut in die Übung einsteigen – kommen Sie langfristig in eine tiefere Achtsamkeit, als wenn von Anfang an alles reibungslos klappt. Selbst wenn Sie nur einen Atemzug lang gesammelt bleiben können, dann aber keine Zeit mit negativen Gedanken vergeuden, sondern gleich die nächste Meditation von der Länge eines Atemzugs anschließen, ist das ein wertvolles Training zum Aufbau Ihrer mentalen Muskelkraft.

Übung 13: »Geh«-Übung im Sitzen mit Atembenennung und Schrittzählung

Auch besonders eifrig schwirrende Bienen sitzen irgendwann einmal, und das ist oft eine schöne Gelegenheit, ein paar Minuten zu meditieren. Ich habe mir dafür eine Übung ausgedacht, die zwar statisch aussieht, Ihrer Aufmerksamkeit jedoch trotzdem genügend Aktivität bietet.

1. Setzen Sie sich so hin, dass der Rücken gerade aufgerichtet ist und die Füße flach auf dem Boden stehen.

2. Simulieren Sie eine Art Gehen: Drücken Sie die Füße abwechselnd in einem Rhythmus, der dem gleichmäßigen gemächlichen Gehen entspricht, flach auf den Boden. Dabei arbeitet Ihre gesamte Beinmuskulatur – wenn Sie möchten, dass nichts davon zu sehen ist, können Sie aber auch einfach nur die Zehen bei jedem »Schritt« ein wenig einkrallen. Oder Sie machen kleine abwechselnde Tapser mit den Füßen.

3. Benennen und zählen Sie wie in Übung 12, als würden Sie tatsächlich gehen – »ein ... zwei ... drei ... vier ... fünf, aus ... zwei ... drei ...« und so weiter.

Genauso gut können Sie auch Übung 6 machen, wenn Sie ein paar Augenblicke irgendwo sitzen, also einfach die Atemzüge am Beginn benennen und jeweils am Ende zählen. Nutzen Sie jede sich bietende Gelegenheit!

Übung 14: Gehübung mit Aufgabe, Atembenennung und Schrittzählung

Wenn Sie die vorigen Übungen nicht allzu schwierig fanden, hätte ich hier eine kleine Verschärfung, die selbst von erfahrenen Meditierenden mitunter als Herausforderung empfunden wird.

1. Nehmen Sie sich irgendeine kleine Aufgabe vor, die kaum Zeit braucht. Erfinden Sie ruhig etwas, zum Beispiel: »Ich gehe jetzt zum Lichtschalter, mache das Licht aus und wieder an und kehre dann hierher zurück.«

2. Parallel üben Sie die Standardmeditation: »ein ... zwei ... drei ... vier, aus ... zwei ... drei ...« und so weiter, bis Sie die Aufgabe bewältigt haben und wieder am Platz sind, ohne bei der Atembenennung und Schrittzählung den Faden zu verlieren.

Es kann sein, dass diese Übung Ihnen mehr Schwierigkeiten bereitet, als Sie dachten. Sollte sie sich als leicht erweisen, können Sie mit langsam anspruchsvoller werdenden Aufgaben experimentieren.

Übung 15: Aufgabenübung mit Benennung und Zählung der Atemzüge

Sie können bei fast allen täglichen Verrichtungen eine Übung dieser Art machen. Es wird allerdings für die meisten schwierig, wenn menschlicher Kontakt hinzukommt; darauf gehen wir später ein.

1. Wählen Sie eine Routineaufgabe, die wenig gerichtete Aufmerksamkeit verlangt. Ich nutze gern das Zähneputzen oder Rasieren für diese Übung.

2. Jeder Atemzug wird einfach vom Einsetzen an mit einem langgezogenen »ein« beziehungsweise »aus« benannt und am Schluss gezählt, also »ein ... eins, aus ... eins« und so weiter bis vier. Danach fangen Sie wieder mit »ein ... eins« an und setzen das Ganze fort, bis Sie Ihre Aufgabe abgeschlossen haben.

Wichtig auch hier wieder: Sollten Sie den Faden verlieren, kehren Sie sofort zu »ein … eins« zurück. Vermeiden Sie Selbstkritik, und lassen Sie überhaupt alle Gedanken los, die Ihnen bei dieser Übung nichts nützen. Gedanken, die Sie nicht bei der aufmerksamen Benennung und Zählung während einer Aufgabe unterstützen, sind »Sackgassengedanken«. Darüber werden Sie im nächsten Kapitel mehr erfahren.

Übung 16: Erschwerte Aufgabenübung mit Benennung und Zählung der Atemzüge

Diese Übung unterscheidet sich von der vorigen nur dadurch, dass Sie Ihre Atemzüge nicht bis vier benennen und zählen, um dann wieder bei eins anzufangen, sondern Sie zählen durch, bis Sie die Aufgabe abgeschlossen haben. Das ist etwas schwieriger, weil die Viererzählung zusätzlichen Halt bietet.

1. Wählen Sie irgendeine ganz simple Aufgabe wie in Übung 14.

2. Benennen und zählen Sie Ihre Atemzüge, bis Sie die Aufgabe abgeschlossen haben. Wie viele waren es?

Wenn Sie das bei erfundenen kleinen Aufgaben beherrschen, können Sie es mit realen kleinen Verrichtungen wie dem Händewaschen versuchen.

Im nächsten Schritt, wenn Sie also bei einfachen Verrichtungen gesammelt Ihre Meditation fortsetzen können, nehmen Sie sich etwas vor, was ein klein wenig schwieriger ist und etwas länger dauert. Geeignet für die Meditation sind zum Beispiel: Zähneputzen, Geschirrspülen, Rasieren, Duschen, die Katze füttern.

Wenn das noch zu schwierig ist, versuchen Sie es bei kürzeren und leichteren Tätigkeiten und üben außerdem nach dem Muster von Übung 15 (Zählung der Atemzüge nur bis vier) mit der schwierigeren Aufgabe. Und sollte Ihnen die Sache entgleiten, dann kehren Sie einfach ohne gedankliche Schlenker zurück zu »ein ... eins ...«. Alles klar?

Zusammenfassung

- Vielleicht sollten Sie die Lektüre jetzt einmal unterbrechen und zusehen, dass Sie für eine oder auch mehrere Übungen dieses Kapitels feste Plätze in Ihrem Tagesablauf einrichten.

- Machen Sie sich klar, worauf Sie sich leichter konzentrieren können und worauf nicht so gut.

Aber lassen Sie sich wegen der schwierigeren Dinge keine grauen Haare wachsen. Wenn es sein muss, bleiben Sie einfach bei Übung 7 oder 11, bis Sie vier Atemzüge lang bei der Sache bleiben können.

- Wenn Sie keine vier Atemzüge lang konzentriert bleiben können und der Frust sich einstellt, lesen Sie bitte noch einmal den Abschnitt »Wichtig: Was, wenn Sie den Faden verlieren?«.

- Sie müssen nicht unbedingt alle Übungen machen, nachdem Sie sie einmal ausprobiert haben. Denken Sie an die Inselbewohner, die übers Wasser liefen: Eine einzige gute Meditation war alles, was sie brauchten.

- Überlegen Sie, wo sich in Ihrem Alltag Zeiten, Orte und Situationen anbieten, die Sie zum Üben nutzen können. Sehen Sie zu, dass Sie mindestens sechs dieser Freiräume finden, in denen Sie jeden Tag, und zwar von heute an, mindestens eine »Vier-Atemzüge-Übung« machen können.

- Experimentieren Sie mit aufgabenbezogenen Übungen, und bedenken Sie, dass es bei manchen schwierig sein kann, gleichzeitig zu meditieren. Wenn Sie sich verhaspeln, fangen Sie einfach beim nächsten Einatmen wieder mit dem Benennen und Zählen an und lassen sich auf unerfreuliche Gedanken gar nicht erst ein.

6 Gedankentypen: aus dem wirklichen Leben, Selbstgespräch und Sackgasse

Im vorangegangenen Kapitel haben Sie angefangen, sich ein auf Ihre individuellen Bedürfnisse zugeschnittenes Programm von Achtsamkeitsübungen aufzubauen. Dabei werden Sie es mit Gedanken der verschiedensten Art zu tun bekommen, und mit denen werden Sie sich bei der weiteren Gestaltung Ihrer Meditationspraxis auseinandersetzen müssen. Ich beschreibe die drei in der Überschrift genannten Typen so:

- Gedanken aus dem wirklichen Leben hängen mit tatsächlichen Ereignissen zusammen: »Ah, da kann ich parken.«
- Selbstgesprächgedanken bestehen darin, dass Sie bewusst oder unterbewusst mit

sich selbst reden. Selbstgespräche können von tatsächlichen Ereignissen oder von Gedanken ausgelöst werden.

- Sackgassengedanken treten gern immer wieder auf, und sie dienen keinem sinnvollen Zweck.

Natürlich gibt es hier viele Überschneidungen, aber die Bezeichnungen erlauben uns, beim Auftauchen eines Gedankens schnell herauszufinden, um welchen Typ es sich überwiegend handelt. Das ist, nebenbei bemerkt, eine sehr nützliche Fähigkeit.

Gedanken aus dem wirklichen Leben

Gedanken dieser Art sind Antworten auf konkrete Ereignisse. Sie nutzen das hochentwickelte menschliche Gehirn, um in allen Lebenslagen zu angemessenen Reaktionen zu gelangen. Dabei kann es um längerfristige und wichtige oder um alltägliche und eher belanglose Dinge gehen. Vielleicht steht eine Kürzung des Jahresetats Ihrer Abteilung um ein Drittel an, und jetzt müssen Sie neu planen und sich vielleicht von Lieblingsvorhaben verabschieden. Oder Sie stehen gegen Ende Ihrer Mittagspause in der Schlange an der Kasse, und da geht es, wie das manchmal so ist, einfach nicht weiter. Jetzt müssen

Sie Ihre Planung kurzfristig überdenken: »Wenn ich das Bier für die Party heute Abend bei mir zu Hause an der Ecke kaufe, gebe ich einiges mehr aus als hier. Aber wenn ich bleibe, komme ich womöglich zu spät aus der Pause.«

Solche Gedanken erkennen wir unter anderem daran, dass sie irgendwann fertig sind und wir uns dann wieder anderen Dingen zuwenden. Erst wenn sich an den Umständen und Bedingungen etwas ändert, haben wir Grund, die Sache erneut zu überdenken. Wir können zum Vergleich an die »sinnvolle Nutzung« des Flucht-Abwehr-Reflexes denken. Wenn der Säbelzahntiger zum Sprung ansetzt oder das Taxi auf Sie zuhält, erfüllt die Flucht-Abwehr-Reaktion eine sehr sinnvolle Funktion und dient Ihrem Selbstschutz.

Aber wenn Sie den Gedanken an das Raubtier oder Taxi anschließend nicht wieder loswerden und Sie sich weiterhin bedroht fühlen, setzen Sie sich einer permanenten Stressreaktion aus, die Ihr ganzes Leben durcheinanderbringen kann. Ebenso gilt: Wenn ein Gedanke aus dem wirklichen Leben nicht nach Beendigung der Situation fertig ist, sondern Sie zwanghaft weiter damit beschäftigt sind – »Wie können die den Etat einfach so zusammenstreichen?« oder »Diesen Kassierer sollte man vor die Tür setzen!« –, verliert er seinen Nutzen und wird ein Sackgassengedanke. Dazu unten mehr.

Selbstgespräch

Darunter verstehen wir Monologe, die in unserem Kopf stattfinden. Sehen Sie sich das gleich jetzt einmal an. Sagen Sie sich innerlich: »Ich lese gerade etwas über Selbstgespräche.« Das bezeichne ich als »natürlichen« Selbstgesprächgedanken. Er ist weder positiv noch negativ gefärbt, sondern beschreibt einfach, was gerade passiert. Wir unterscheiden drei Arten von Selbstgespräch: positiv, negativ und neutral.

Vielfach dienen Selbstgespräche einem guten Zweck. Manche Menschen tun sich mit komplexen Abläufen wie dem Steuern eines Flugzeugs leichter, wenn sie sich die notwendigen Schritte innerlich vorsprechen. Sportler und Musiker bereiten sich häufig mit positiven Selbstgesprächen auf einen Wettkampf oder ein Konzert vor.

Leider passiert es oft, dass sich Selbstgespräche, vor allem negative Selbstgespräche, verselbständigen und sich dann ohne unsere Absicht, ja sogar ohne unser Wissen weiterspinnen. Beispiel: Wir stolpern beim Betreten eines Raums, und das löst den Gedanken »Was bin ich doch für ein Tollpatsch« aus. Wenn solche kritischen Gedanken zur Gewohnheit werden, verbinden Sie sich leicht zu einer Kette, die ziemlich peinigend werden kann: »Ich bin so ungeschickt ... Alle Leute gucken ... Sie müssen mich doch für dämlich halten ... Ich finde mich einfach unausstehlich.«

Das Stolpern selbst fügt uns keinen Schaden zu, die davon ausgelösten Gedanken jedoch sehr wohl. Ab und an, in Ausnahmesituationen, mag eine kleine Selbstbeschimpfung noch angehen. Aber wenn bei Ihnen eine Neigung dazu besteht, wird so etwas wahrscheinlich öfter vorkommen und dafür sorgen, dass Selbstverurteilung, Selbstzweifel, Selbstablehnung und möglicherweise Angst immer weiter zunehmen.

Wenn wir mit einer Meditationsübung nicht zurechtkommen oder nicht so konzentriert bleiben können, wie wir möchten, entsteht gern solch ein negatives Selbstgespräch – eine wunderbare Gelegenheit, diesen kontraproduktiven Monolog sofort zu bemerken und unsere Aufmerksamkeit dann gleich wieder auf die Übung zu richten. Eigentlich sind sogar viele der Meditationsübungen in diesem Buch positive und produktive Selbstgespräche – auch wenn das »Gespräch« nichts weiter enthält als Bezeichnungen für die Atemzüge und Zahlen für die Schritte. Je weiter Sie Ihre mentale Muskulatur aufbauen, desto leichter bemerken Sie Ihre Selbstgespräche und erkennen sie als positiv oder negativ. So können Sie diese Fähigkeit für sich nutzen und verhindern, dass sie sich gegen Sie wendet.

Sackgassengedanken

Stellen Sie sich vor, Sie sind mit dem Wagen zu einer Party am anderen Ende der Stadt unterwegs. Sie haben die benötigte Zeit ausreichend, aber ohne viel Reserve bemessen. Ihr Ziel, das wissen Sie, liegt auf einer Straße, die parallel zu der jetzt gerade von Ihnen benutzten verläuft. Sie nehmen sich vor, an der nächsten größeren Kreuzung rechts abzubiegen. Unmittelbar vor dem Abbiegen sehen Sie, dass es sich um eine Sackgasse handelt. Biegen Sie trotzdem ein? Natürlich nicht. Aber von Sackgassengedanken lassen wir uns oft derart einspinnen, dass wir immer wieder in sie »einbiegen«.

Eine Sackgasse ist ein Gedanke dann, wenn Sie ihn oft genug durchgekaut haben, um zu wissen, dass sein Gebrauchswert bei null liegt. Wenn Ihre Ohren zu groß sind und eine Schönheitsoperation für Sie nicht infrage kommt ... na ja, dann ist jeder weitere Gedanke über Ihre zu großen Ohren einfach eine Sackgasse. Wenn Sie eine Kollegin nicht ausstehen können, aber ausgerechnet diese Kollegin die Tochter des Chefs ist und Sie auch nicht kündigen möchten, sind alle weiteren Gedanken über ihre Unausstehlichkeit wahrscheinlich Sackgassen. Aber Vorsicht: Ein Gedanke muss nicht deswegen schon eine Sackgasse sein, weil er unangenehm ist. Wenn Sie ihn vorschnell als Sackgasse bezeichnen, könnte es sein, dass Sie etwas nicht wahrhaben wollen.

Der Zusammenhang ist mitentscheidend

Manche Sackgassengedanken sind immer unnütz. Es kann aber von den Umständen abhängen, ob ein Gedanke eine Sackgasse ist oder nicht. Bei der Arbeit ans Essen zu denken ist eine Sackgasse – es ist zu nichts nütze. Und beim Essen an die Arbeit zu denken, wenn es nicht aus besonderen Gründen unbedingt sein muss, erhöht sicher nicht den Genuss an Ihrer Mahlzeit.

Der in unserem Zusammenhang wichtige Aspekt ist folgender: Jeder Gedanke, der Ihnen bei einer Meditationsübung kommt, ist in diesem Kontext ein Sackgassengedanke, es sei denn, er hätte direkt mit der Meditation zu tun, also etwa das innere Benennen der Atemzüge und das Zählen der Schritte. Das gilt ausnahmslos!

Wenn Gedanken des realen Lebens zu Sackgassen werden

Manche Gedanken können zu Sackgassen werden, wenn ihre häufige Wiederholung nicht mehr abzustellen ist. Wenn Sie alte Eltern mit gesundheitlichen Problemen haben oder Ihr Kind in Schwierigkeiten ist, müssen Sie natürlich recherchieren, nachdenken und planen. Auch Trauer kann hier eine Rolle spielen (dazu später noch mehr). Das sind Gedanken des wirklichen Lebens. Aber wenn sie so häufig kommen, dass sie Ihnen aufs Gemüt schlagen und Sie schließlich sogar behindern, sodass Ihnen alles »über den Kopf wächst«, werden die Gedanken zwanghaft, und dann sind sie natürlich Sackgassen.

Selbstgespräch-Sackgassen

Selbstgespräche der negativen Art sind ebenfalls Sackgassen. Dabei ergibt auch gern ein Gedanke den anderen, sodass ganze Ketten von Sackgassengedanken entstehen. Wenn wir einmal verstanden haben, wie solche Selbstgespräche ablaufen, können wir lernen, diesen Prozess zu unterlaufen oder uns wenigstens nicht mehr gar so sehr mitschleifen zu lassen.

Meine Sackgassengedanken

Vielleicht erkennen Sie Ihre eigenen Sackgassengedanken leichter, wenn ich Ihnen von meinen erzähle. Hier habe ich ein paar, die ich als »chronisch« bezeichne: Sie treiben sich schon eine Weile in meinem Kopf herum und werden wohl auch noch ein wenig bleiben (obwohl ich mich natürlich entscheiden kann, sie nicht zu beachten).

- Ich habe um die sieben Kilo Übergewicht, aber eine Diät werde ich in absehbarer Zeit nicht machen. (Sobald ich mich doch zu einer Diät entschließe, ist das kein Sackgassengedanke mehr.)
- Mein Büro ist ein einziges Tohuwabohu. (Aber meist finde ich, was ich brauche, und Ordnung um der Ordnung willen gehört nicht zu meinen Werten und Stärken.)
- Es gibt da Differenzen zwischen mir und jemand anderem, der bloße Gedanke daran regt mich schon auf. (Es gibt aber nichts, was ich praktisch unternehmen könnte, um die Lage zu verbessern, und entziehen kann ich mich auch nicht.)

Es gibt kurzzeitige Sackgassengedanken, die mit ärgerlichen, aber nicht anhaltenden Umständen zu tun haben – der berühmte »schlechte Tag«, übermüdete Kinder, kleine geschäftliche Rückschläge und dergleichen. In solchen Situationen lässt sich meist ohne große Mühe erkennen, dass es überhaupt nichts bringt, solchen Gedanken überhaupt Raum zu geben.

Einen Sackgassengedanken für die Meditation bestimmen

Im nächsten Kapitel werde ich Sie zu einer Übung mit einem Ihrer Sackgassengedanken auffordern. Bestimmen Sie ihn am besten jetzt schon. Hier ein paar Anhaltspunkte für die Auswahl:

- Es soll ein *eindeutiger* Sackgassengedanke sein, der immer ein wenig irritierend wirkt – etwa Gedanken an das Essen während der Arbeit. Wenn Sie erst lange überlegen müssen, ob dieser Sackgassengedanke nicht doch sein Gutes hat, nehmen Sie lieber einen anderen.
- Es soll auch nicht Ihr schlimmster, stressigster Sackgassengedanke sein, er soll also keine merkliche Flucht-Abwehr-Reaktion auslösen.
- Nehmen Sie also etwas leicht Lästiges, das Sie sich anders wünschten, an dem Sie aber nichts ändern werden, jedenfalls nicht in absehbarer Zeit.
- Sie können auch eine Kette von Sackgassengedanken wählen. Nehmen wir an, der Ge-

danke an Kollegin X löst bei Ihnen eine Kette wie diese aus: »Sie kommt immer zu spät ... Sie stiehlt mir die Zeit ... Das kann sie doch nicht mit mir machen ...!« Ja, nehmen Sie ruhig so etwas, wenn es nicht mit zu viel Stress verbunden ist.

Finden Sie etwas Geeignetes? Fein. Wir werden uns im nächsten Kapitel damit befassen.

Gedanken benennen

Sehen Sie sich in der anschließenden Zusammenfassung noch einmal die Typen von Gedanken an – Gedanken aus dem wirklichen Leben, Selbstgespräch und Sackgasse –, und nehmen Sie sich dann ein wenig Zeit, um zu jedem Typ einen oder mehrere Gedanken zu notieren, die sich in Ihrem Kopf herumtreiben. Sie werden diese Liste später noch benutzen. Wenn Ihnen nichts einfallen will, sehen Sie sich meine eigenen Sackgassengedanken an, die ich oben vorgestellt habe. Übergewicht und Unordnung im Büro sind Sackgassengedanken, die man zum Standard zählen kann. Der dritte ist ein Sackgassengedanke vom Typ Selbstgespräch. Vielleicht finden Sie hier Anregungen.

Zusammenfassung

- Das Denkvermögen ist eine der größten Stärken des Menschen, aber manchmal auch der Ursprung großer Leiden.

- Wenn Sie die drei hier angesprochenen Arten von Gedanken verstanden haben – Gedanken des wirklichen Lebens, Selbstgespräch und Sackgassengedanken –, werden Sie die Achtsamkeit ganz gezielt einsetzen können, um besser mit den beiden letztgenannten Arten zurechtzukommen, die häufig Stressreaktionen auslösen.

- Zum realen Leben gehörende Gedanken sind nützlich und auf Handlung angelegte Betrachtungen zu aktuellen Ereignissen.

- Selbstgesprächsgedanken können neutral, positiv oder negativ sein. Achtsamkeit versetzt uns in die Lage, bedrückende Selbstgespräche durch aufbauende zu ersetzen. Ich würde sogar sagen, dass viele Meditationsübungen im Grunde aufbauende Selbstgespräche sind.

- Sackgassengedanken sind ebendas: Sie führen nicht weiter, sie haben keinen echten Nutzen. Manchmal brauchen wir eine Weile, um heraus-

zufinden, ob ein Gedanke eine Sackgasse ist
oder nicht.

- Bei Meditationsübungen sind alle Gedanken, die
nicht zur Übung gehören, seien sie angenehm
oder unangenehm, Sackgassengedanken. In diesem Fall sind sie es nicht unbedingt ihrer Natur
nach, sondern nur in diesem Kontext. Sobald Sie
einen nicht zur Übung gehörenden Gedanken
bemerken, kehren Sie zur Benennung der Atemzüge, zur Schrittzählung oder eben zu der Aufgabe zurück, die gerade gestellt ist.

- Wenn zum realen Leben gehörende Gedanken
immer wieder oder an unpassender Stelle auftauchen, oder wenn Selbstgespräche negativer Art
sind, können sie zu Sackgassengedanken werden. Sackgassengedanken können akut als ein-
malige Gedanken auftreten, die dann wieder ver-
gehen oder chronisch werden und sich immer
wieder einstellen.

- Suchen Sie sich nach der Anleitung in diesem
Kapitel einen Sackgassengedanken, mit dem Sie
im nächsten Kapitel arbeiten möchten. Sie werden im Laufe der folgenden Kapitel selbst feststellen, dass Sie die Stressbelastung deutlich
reduzieren und Ihre innere Haltung entscheidend

verbessern können, wenn Sie auch nur ein paar Ihrer häufigsten Sackgassengedanken abschütteln.

7 Vier Anwendungsformen der Meditationsübungen

Wenn wir uns eine Achtsamkeitspraxis erarbeiten, wenden wir viel Zeit und Energie auf, um uns überhaupt erst einmal an die Übungen zu gewöhnen und sie vielleicht schon ein wenig im Sinne eines geschickteren Umgangs mit den Ereignissen in unserem Leben und den Gedanken in unserem Kopf zu nutzen. Dazu bedienen wir uns in dieser ersten Phase vier verschiedener Ansätze. Später beschäftigen wir uns dann vielleicht mit abstrakteren Aspekten der Achtsamkeit, zu denen wir weiter hinten im Buch kommen, etwa Mitgefühl, Präsenz im Hier und Jetzt und »Nondualität« (einem Zustand, in dem wir keine Trennung mehr zwischen uns selbst und dem Rest der Welt empfinden).

Erster Ansatz: die mentale Muskulatur aufbauen

Die mentalen Muskeln aufbauen – das hat oberste Priorität für alle, die in die Achtsamkeitsschulung einsteigen. Immer wenn Sie eine der Übungen machen, egal wie oft oder wie lange, haben Sie Ihre mentale Muskulatur zumindest ein klein wenig weiter aufgebaut. Kapitel 5 haben Sie genutzt, um sich in Ihrem Alltagsablauf nach Möglichkeiten zum Üben, also zum Training Ihrer mentalen Muskulatur, umzusehen. Es gibt aber noch andere Anwendungsformen der Übungen.

Zweiter Ansatz: die Aufmerksamkeit von den Gedanken abziehen

Schon bei der Gehübung mit einem beunruhigenden Gedanken (Übung 2) haben Sie erfahren, wie die gezielte Ausrichtung Ihrer Aufmerksamkeit auf ein gewähltes Objekt (hier die Anzahl der Schritte) dazu dienen kann, Ihre Aufmerksamkeit von einem leicht beunruhigenden Gedanken abzuziehen. Das kann eine sehr sinnvolle Art des Umgangs mit wenig sinnvollen Gedanken sein. Natürlich sollen Sie damit nicht Gedanken unterbinden, die einen gewissen negativen Anteil haben, weil es um etwas geht, was dringend in Angriff genommen und bereinigt werden muss – denn das sind nützliche Gedanken, wie sie zum realen Leben gehören. Sackgassengedanken, die weder einen praktischen noch einen psychischen Nutzen haben, sind dagegen ideale Ansatzpunkte für diese Strategie des Aufmerksamkeitsentzugs. Die folgende Übung kann Ihnen davon einen Eindruck vermitteln.

Übung 17: Meditation zur Ablenkung von Sackgassengedanken

1. Gehen Sie zunächst in gemächlichem Tempo.

2. Rufen Sie sich den Sackgassengedanken Ihrer Wahl aus Kapitel 6 ins Gedächtnis.

3. Zählen Sie Ihre Schritte bis zwanzig. Seien Sie sehr genau, verzählen Sie sich nicht.

Was wird beim Schrittezählen aus Ihrem Sackgassengedanken?

Wenn er sich weitgehend verflüchtigt hat, war er für diese Übung gut gewählt, das heißt nicht zu stark. Wiederholen Sie die Übung mit diesem Gedanken ruhig ein paarmal am Tag, wenn Sie möchten. Sie werden sehen: Der Gedanke regt Sie dann nicht mehr so leicht auf.

Sollte der Sackgassengedanke jedoch nicht verschwunden oder wenigstens in den Hintergrund ge-
treten sein, haben Sie wahrscheinlich einen für den
Moment noch zu belastenden Gedanken gewählt.
Sie können die Übung jetzt entweder mit einem weniger belastenden Sackgassengedanken wiederholen oder bei diesem Gedanken bleiben und ausprobieren, ob Sie anhand des dritten Ansatzes besser
mit ihm zurechtkommen.

Dritter Ansatz: die Aufmerksamkeit dem Atem zuwenden

Bei Sackgassengedanken von eher geringer Intensität genügt es oft, uns durch irgendeine Meditation,
die atemgebunden sein kann oder nicht, von ihnen
abzulenken. Solche Gedanken setzen uns zwar zu,
lösen aber keine ausgewachsene Flucht-Abwehr-Reaktion aus. Wenn wir es jedoch mit Schwierigkeiten
des realen Lebens zu tun haben oder mit Gedanken,
die uns wirklich aufbringen oder ängstigen, brauchen wir eine Atemmeditation, die die Stressreaktion abfängt. Sollte Ihr Sackgassengedanke, mit dem
Sie Übung 17 bestritten haben, nicht anschließend
leichter geworden sein oder sogar eine Stressreakti-

on ausgelöst haben, werden Sie ihn wohl »durchatmen« müssen.

Lassen Sie sich für die nächste Übung einen Gedanken einfallen, der mäßige Flucht-Abwehr-Symptome auslöst. Er kann zum realen Leben gehören, er kann Selbstgespräch sein oder auch ein Sackgassengedanke. Zur Erinnerung: Zu den Symptomen der Abwehr-Reaktion gehören das Ballen der Fäuste und die zusammengebissenen Zähne, während der Fluchtimpuls sich als flaues Gefühl im Bauch, Hochziehen der Schultern und ein Kribbeln auf dem Kopf bemerkbar machen kann. Da Sie einen mäßig stressigen Gedanken gewählt haben, können diese Symptome so flüchtig bleiben, dass Sie sie kaum bemerken werden. Aber Sie werden sie finden, wenn Sie danach Ausschau halten.

Vielleicht ist es auch gut, sich kurz noch einmal mit den Übungen 7 und 11 in Kapitel 4 zu befassen, wenn Sie mögen auch mit Übung 12 in Kapitel 5, einer Abwandlung der Gehübung mit Atembenennung und Schrittzählung.

Übung 18: Atemmeditation mit einem negativen Gedanken

1. Gehen Sie in gemächlichem Tempo.

2. Wenden Sie sich beim Gehen mindestens dreißig Sekunden lang dem gewählten Stressgedanken zu – so lange, bis Sie die körperlichen Auswirkungen der durch diesen Gedanken ausgelösten Flucht-Abwehr-Reaktion spüren.

3. Sobald diese Wirkungen auch nur ansatzweise einsetzen, wenden Sie sich dem Atem zu und vermerken, ob Sie gerade einatmen oder ausatmen.

4. Am Ende des nächsten Ausatmens und mit dem ersten Schritt des Einatmens beginnen Sie (nach dem Verfahren einer der Übungen, die Sie eben noch einmal aufgegriffen haben) mit dem Benennen und Zählen.

5. Bleiben Sie mindestens eine Minute lang ganz auf diese Übung konzentriert.

Hat die Verlagerung Ihrer Aufmerksamkeit von diesem Stressgedanken auf die Meditationsübung etwas an der Wirkung des Gedankens auf Sie verändert? Hatten Sie das Gefühl, der Gedanke sei ganz weg? Fing er mit dem Beginn der Meditation an zu verblassen? Kam er immer wieder hoch und erschwerte die Konzentration? Sollte Letzteres der Fall gewesen sein, ist es vielleicht einstweilen ratsam, einen weniger stressbeladenen Gedanken zu wählen.

Vierter Ansatz:
geteilte Aufmerksamkeit und
Desensibilisierung gegenüber Gedanken

Wir können unsere Aufmerksamkeit nicht nur gänzlich von einem Gedanken abwenden oder sie auf den Atem konzentrieren, sondern sie auch zwischen der realen Lebenssituation (oder einem zugehörigen Gedanken) und einer meditativen Übung aufteilen. Das hat zweifachen Nutzen.

Zum einen kann uns diese Aufteilung der Aufmerksamkeit gegenüber den Auswirkungen von Sackgassengedanken desensibilisieren. Bei der nachfolgenden Übung werden Sie sehen, wie das funktionieren kann. Es ist aber auch eine gute Vorübung für einen schwerer zu erreichenden Nutzeffekt: In einer schwierigen Situation des realen Lebens, in der weder Kampf noch Flucht Abhilfe verspricht, können Sie mit einer Aufteilung Ihrer Aufmerksamkeit erreichen, dass Selbstgespräche und andere unnütze Gedanken keine Stressreaktion auslösen.

Zum Beispiel: Ein verärgerter Kunde ruft an. Wenn Sie jetzt ebenfalls sauer reagieren, wird das die Wogen kaum glätten – eine Stressreaktion in einer ohnehin angespannten Lage wird vermutlich nicht dazu beitragen, die Situation zu entschärfen.

Mit viel Übung können Sie lernen, die Stressreaktion sogar dann zu unterlaufen, wenn die Flucht-Abwehr-Reaktion ohne Verzögerung einsetzt. Das ist allerdings schon die Hohe Schule, zu der wir erst später kommen.

Es ist gut, schon mal über das Teilen der Aufmerksamkeit unterrichtet zu sein und erste Übungen zu machen, aber Sie werden wohl eine Weile brauchen, bis Sie das Verfahren in Situationen des realen Lebens erfolgreich anwenden können. Wir fangen erst einmal mit dem von Ihnen gewählten Sackgassengedanken an.

Übung 19: Meditation mit einem Sackgassengedanken, Teilung der Aufmerksamkeit und Desensibilisierung

Hier wenden wir noch einmal Ihre bevorzugte Gehübung mit Zählung und Benennung (7, 11 oder 12) auf Ihren Sackgassengedanken an. Diesmal geht es aber nicht darum, Ihre gesamte Aufmerksamkeit auf die Meditation zu sammeln – Schritte zählen, Atemphasen benennen. Stattdessen werden Sie versuchen, zwischen dem Sackgassengedanken und der Meditation hin und her zu wechseln.

1. Gehen Sie in gemächlichem Tempo.

2. Machen Sie sich beim Gehen Ihren Stressgedanken bewusst. Lassen Sie ihn gerade so lange auf sich wirken, bis Sie die körperlichen Auswirkungen der Flucht-Abwehr-Reaktion zu spüren beginnen.

3. Wenn das der Fall ist, wenden Sie Ihre Aufmerksamkeit dem Atem zu und nehmen wahr, ob Sie gerade ein- oder ausatmen.

4. Mit dem nächsten Schritt beim nachfolgenden Einatmen oder Ausatmen, das heißt beim nächsten Richtungswechsel des Atems, fangen Sie nach dem Übungsmuster, bei dem Sie sich am besten konzentrieren können, mit dem Benennen und Zählen an.

5. Versuchen Sie, etwa vier Atemzüge lang bei dieser Meditation zu bleiben.

6. Nun wiederholen Sie Schritt 2 und vergegenwärtigen sich Ihren Sackgassengedanken, bis Sie die körperlichen Auswirkungen zu spüren beginnen.

7. Wiederholen Sie den Ablauf (Schritt 2 bis 6) ein paarmal.

Anschließend beantworten Sie sich diese Fragen: War Ihr Sackgassengedanke mit Selbstgespräch verbunden? War er ein einzelnes inneres Bild oder Gefühl? War es schwierig, vom Sackgassengedanken zur Meditation zu wechseln? War da ein Drang, bei dem Sackgassengedanken zu bleiben oder Selbstgespräche über ihn zu führen? Oder war es schwieriger, sich von der Meditation zu lösen und zum Sackgassengedanken zurückzukehren?

Auch diese Meditation wird umso leichter, je mehr Übung Sie haben. Sie werden dann erleben, dass es Ihnen besser gelingt, spontan auftauchende Sackgassengedanken aus Ihrem Bewusstsein zu verbannen. Und mit dieser Übung trainieren Sie die mentalen Muskeln, die Ihnen schließlich erlauben, den negativen Auswirkungen *aller* Gedanken zuvorzukommen.

Zusammenfassung

- In dieser Phase des Aufbaus Ihrer Achtsamkeitspraxis bieten sich Ihnen vier grundsätzliche
  Vorgehensweisen bei Ihren Übungen.

- Der erste Ansatz besteht darin, die Übungen
  zum Aufbau Ihrer mentalen Muskulatur zu nutzen.

- Bei der zweiten Vorgehensweise ziehen Sie die
  Aufmerksamkeit von einem untauglichen, aber
  nicht allzu belastenden Gedanken ab. Es sollte
  ein leicht beunruhigender Gedanke sein, der keine fulminante Stressreaktion auslöst.

- Bei der dritten Methode schneiden Sie die Stressreaktion mit einer Atemübung ab. Das wirkt
  auch bei stärker beunruhigenden Gedanken, die
  eine Flucht-Abwehr-Reaktion auslösen.

- Beim vierten Ansatz schließlich teilen Sie Ihre
  Aufmerksamkeit auf den beunruhigenden Gedanken oder Vorfall einerseits und die Atemübung andererseits auf. Zunächst wechseln Sie
  zwischen einem Sackgassengedanken und Ihrer
  bevorzugten Atemübung hin und her. Mit etwas
  Übung werden Sie sich im Laufe der Zeit gegen-

über dem Sackgassengedanken »desensibilisieren«. Und so werden Sie irgendwann in der Lage
sein, viele Ihrer Stressreaktionen schon dann
abzufangen, wenn sie gerade erst einsetzen.

8 Nase, Augen, Ohren, Hände und die Leute

Sie haben jetzt eine ganze Anzahl einfacher Meditationsübungen gelernt und hoffentlich auch schon angefangen, sie zu allen passenden Gelegenheiten in Ihren Alltag einzubauen. Und solche Gelegenheiten sollte es reichlich geben, schließlich können die meisten Übungen, wenn nicht sogar alle, überall gemacht werden, oft sogar parallel zu einer anderen Beschäftigung. In diesem Kapitel stelle ich Ihnen ein paar zusätzliche Übungen vor, in denen Sie sich auf verschiedene Wahrnehmungsformen fokussieren werden, um so Ihre Achtsamkeit weiter zu festigen.

Ich darf es aber nicht versäumen, hier gleich eine Ermahnung anzuschließen: Solange Sie nicht *mindestens* sechs Gelegenheiten pro Tag ergreifen, um eine der Geh- und Atemübungen zu machen, wird diese Methode Ihnen wenig oder nichts nützen.

Keine Fitnessmethode bringt auch nur kleine Verbesserungen, wenn Sie nur darüber lesen, dann aber nicht aktiv werden, um zu laufen, zu stemmen und die Kugelhantel zu schwingen. So ist es auch mit Achtsamkeitsmethoden, wenn Sie nicht üben, um Ihre geistige Muskulatur aufzubauen. Also raffen Sie sich bitte auf. Und wenn Sie bereits sechs Chancen pro Tag nutzen, wie wär's dann mit zwölf?

Achtsamkeit – erweiterte Betrachtung

Im ersten Kapitel habe ich Achtsamkeit als eine Geistesverfassung definiert, in der wir auf verschiedenen Ebenen – körperlich, geistig, philosophisch – vollkommen gegenwärtig sein können, entweder gleichzeitig oder abwechselnd. Bisher haben Sie Ihre Aufmerksamkeit hauptsächlich auf sehr einfache körperliche Vorgänge wie den Atem und das Gehen ausgerichtet. Es wird Ihnen aufgefallen sein, dass es mir auch darum geht, worauf Sie sich *nicht* konzentrieren sollten – auf Sackgassengedanken beispielsweise.

Ihre Beschäftigung mit den Meditationsübungen wird mit der Zeit dazu führen, dass Sie immer leichter bei den Dingen bleiben können, auf die Sie sich konzentrieren möchten – und das ist eigentlich die Definition dessen, was ich »mentale Muskulatur«

nenne. Jetzt werde ich Ihnen noch ein paar Dinge nennen, die Brennpunkte Ihrer Aufmerksamkeit werden sollen, manche vielleicht ein wenig abstrakter als das Ein und Aus der Atemzüge oder das Zählen Ihrer Schritte. Es ist vielleicht ein wenig schwieriger, sich auf so etwas zu fokussieren, aber das ist okay. Sie werden einfach üben, Ihre Aufmerksamkeit zur Meditation zurückzuholen, sobald sie in Gedanken abschweift, und so bauen Sie Ihre mentalen Muskeln weiter auf.

Wie gut kennen Sie Ihre Nase?

Wenn Sie nicht an Allergien leiden oder ein Blasinstrument spielen, haben Sie vermutlich noch nicht allzu sehr auf den Unterschied zwischen Nasenatmung und Mundatmung geachtet. Wenn wir unsere Achtsamkeit trainieren wollen – die Fähigkeit, unsere bewusste Wahrnehmung zu dirigieren –, müssen wir oft Bereiche in den Fokus nehmen, auf die wir sonst nicht so achten. Beispielsweise die Nase.

Stellen Sie sich vor, der Arzt hält Ihnen den kalten Kopf des Stethoskops an den Rücken und sagt: »Durch den Mund atmen.« Dann werden sich wie von selbst bestimmte Muskeln in Ihrer Kehle so anspannen, dass der Verbindungsweg zwischen Nase und Mundhöhle verschlossen ist. Und sollten Sie aus irgendeinem Grund aufgefordert werden, nur durch die Nase zu atmen, ohne den Mund zu schließen, wird sich der hintere Teil Ihrer Zunge so an den Gaumen legen, dass die Verbindung zwischen Mund und Luftröhre verschlossen ist und nur durch die Nase Luft ein- und ausströmt. In der folgenden Übung werden Sie Ihre Aufmerksamkeit bewusst auf diese Verbindung ausrichten. Sollten Sie allerdings gerade Schnupfen oder Heuschnupfen haben, werden Sie diese Übung leider einstweilen überspringen müssen.

Übung 20: Abwechselnde Mund- und Nasenatmung

1. Setzen Sie sich bequem hin, und richten Sie Ihre Aufmerksamkeit auf die Verbindung zwischen Nase und Mund.

2. Atmen Sie durch die Nase ein. Versuchen Sie es mit offenem und mit geschlossenem Mund. Wenn Sie mit geschlossenem Mund einatmen, werden Sie bemerken, dass sich der hintere Teil Ihrer Zunge nicht hebt.

3. Atmen Sie jetzt durch die Nase ein und durch den Mund aus. Wechseln Sie zwischen dem Einatmen mit offenem Mund und mit geschlossenem Mund ab.

4. Setzen Sie das fort, bis Sie sechs volle Atemzüge gemacht haben.

5. Jetzt kehren Sie die Übung um: durch den Mund einatmen und durch die Nase ausatmen.

Manche sagen, dieser Wechsel zwischen Mund- und Nasenatmung verlange so viel Konzentration, dass kaum Platz für Gedanken bleibt. Sollte es bei Ihnen auch so sein, dann nutzen Sie am besten jede sich bietende Gelegenheit zu dieser Übung. Sie werden schnell heraushaben, wie Sie die Übung so unauffällig machen können, dass niemand etwas davon bemerkt.

Sollten sich jedoch bei Ihnen eher noch mehr Gedanken aufdrängen als bei den bisherigen Übungen, müssen Sie die Sache vielleicht noch komplexer machen. Zählen und benennen Sie also zusätzlich Ihre Atemzüge wie in Übung 6 (Kapitel 4): »ein [Nase] ... eins, aus [Mund] ... eins, ein [Nase] ... zwei, aus [Mund] ... zwei« und so weiter. Sie können bis vier zählen und wiederholen oder bis zehn durchzählen, wie Sie möchten. Auch das ist vielleicht noch nicht so spannend wie ein James-Bond-Streifen, nimmt aber die Aufmerksamkeit schon ganz schön in Anspruch.

Sie können die alternierende Mund- und Nasenatmung auch als Gehübung mit Schrittzählung anlegen. Bei den meisten Menschen ist es so, dass der Luftaustausch durch den Mund viel schneller vonstattengeht als durch die Nase. Deshalb ist vielleicht eine Gehübung mit Atembenennung und Schrittzählung besonders geeignet, bei der wir pro Atemphase so viele Schritte machen, wie wir möchten (Übung 12). Benennen Sie einfach das Ein- und Ausatmen, zählen Sie die Schritte und denken Sie daran, zwischen Nase und Mund zu wechseln – dann wird es schon richtig werden: »ein [Mund] ... zwei ... drei, aus [Nase] ... zwei ... drei (... vier ... fünf)« und so weiter.

Wo stehen wir jetzt?

Vielleicht denken Sie nun, eine solche Übung – Gehen, Zählen, Benennen und auch noch alternierende Atmung – unterscheide sich kaum noch von einem James-Bond-Film. Ich belade Sie mit so vielen Dingen, dass für Gedanken gar keine Zeit mehr bleibt. Ist das überhaupt noch Meditation?

Ich würde sagen: Ja. Wenn man diese Aufgaben jede für sich nimmt, verlangen sie eigentlich gar nicht so viel Aufmerksamkeit, und mir geht es darum, Ihnen zu zeigen, wie Sie so bei der Sache bleiben können, dass sich keine direkt zur Meditation gehörenden Gedanken aufdrängen. Darin sind viele andere Meditationslehrer ganz sicher strenger und puristischer als ich. Sie geben Ihnen vielleicht eine einzige Silbe wie OM, verbunden mit der Anweisung, eine halbe Stunde zu sitzen und ganz bei diesem OM zu bleiben. Oder sie lassen Sie ein paar Wochen mit der Empfindung von »Ich-bin-heit« zubringen. Das sind wunderbare Meditationsübungen, aber sie eignen sich nach meiner Erfahrung nicht gut als Einstieg für umtriebige Bienen wie mich und vielleicht Sie.

Deshalb fängt dieses Buch mit der denkbar einfachsten Übung an und führt dann immer subtilere Meditationsobjekte ein. Es sind Übungen, die wir während der Beschäftigung mit anderen Dingen machen können, etwa am Computer oder bei unseren Gängen von hier nach da. Wir haben mit dem Schrittezählen angefangen, damit wäre auch ein betrunkener Seeräuber mit einer Schatzkarte nicht überfordert. Weiter ging es mit dem Benennen von Atemzügen (ein und aus), gefolgt von Abwandlungen und Verfeinerungen. Bei vielen dieser Übungen ging es darum, unsere Aufmerksamkeit auf mehrere Gegenstände gleichzeitig zu richten, etwa auf Atemzüge und Schritte und auf das Zählen und Benennen. Und je besser Sie darin werden, desto mehr Kraft gewinnen Ihre mentalen Muskeln.

Bei der nächsten Übung werden Sie noch mehr Konzentrationskraft benötigen, da wir uns jetzt dem Sehen zuwenden, und das umfasst mehr als die Einzelaktionen – atmen, gehen –, mit denen wir es bislang zu tun hatten.

Augen-Blicke

Unser recht gutes Sehvermögen und die hohe »Rechenleistung« unseres Gehirns haben uns schon immer zur Sicherung unseres Überlebens gedient – damals in der Savanne ebenso wie heute beim Überqueren einer vielbefahrenen Straße. Bei allen bisherigen Übungen habe ich Ihnen keine Anleitungen für den Gebrauch der Augen oder die Ausrichtung des Blicks gegeben. Ich bin einfach davon ausgegangen, dass Sie bei den Gehübungen schon aufpassen, wo Sie hinlaufen. Aber jetzt wollen wir uns der visuellen Wahrnehmung direkt zuwenden.

Wachheit ohne Übervorsicht

Der Ausdruck »aufpassen, wo Sie hinlaufen« ist relativ neutral. Er setzt nicht voraus, dass da Gefahren lauern, verlangt aber eine gewisse visuelle Wachheit. »Übervorsicht« beinhaltet dagegen eine bange Ahnung, dass etwas Gefährliches oder Unangenehmes lauern könnte. Ich verwende gern den Begriff »Wachsamkeit« in der Bedeutung »umsichtige visuelle Ansprechbarkeit, aber ohne Erwartung von etwas Unangenehmem«. Das ist der Blick, mit dem Sie zum Beispiel über eine stark befahrene, aber noch überquerbare Straße gehen; oder der Blick, den eine satte Hauskatze auf ein Mauseloch richtet. In der folgenden Übung werden Sie Ihre Aufmerksamkeit wieder aufteilen, nämlich zwischen der Meditation und einer durchgehenden Wachsamkeit.

Übung 21: Wachsamkeitsmeditation

1. Wählen Sie eine der bereits bekannten Gehübungen, vielleicht am besten Übung 7 oder 11 aus Kapitel 4.

2. Lassen Sie Ihre Augen beim Gehen und Atmen wachsam sein, bleiben Sie im Zustand der visuellen Wachheit.

3. Lassen Sie den Blick weit und schweifend sein, er soll sich nicht von irgendetwas Bestimmtem einfangen lassen, sei es auch interessant oder anziehend. Bemerken Sie nur, was Sie gerade sehen, und lassen Sie den Blick dann zu dem wandern, was ihn als Nächstes anzieht.

4. Lassen Sie nicht zu, dass Ihr Kopf anfängt, Ihnen Geschichten zu den gesehenen Dingen zu erzählen: »Ah, das ist aber nett.« Oder: »Hier sollte mal aufgeräumt werden.« Solche Gedanken bewirken nur, dass Ihre Ausrichtung verschwimmt und Sie bei der Zählung den Faden verlieren. Zum Glück sorgt die Gehübung dafür, dass Sie sich nicht so leicht in ablenkenden Gedanken verfangen.

5. Sollten doch Gedanken aufkommen, wissen Sie, was zu tun ist: Sie wenden Ihre Aufmerksamkeit sofort wieder dem Atem zu, stellen fest, ob Sie gerade ein- oder ausatmen, und setzen das Benennen und Zählen fort – wachsam.

Waches Hören

Wachheit ohne negative Befürchtungen können wir genauso gut auch mit unserem Gehör verbinden. Im wachen Hören nehmen Sie zwar alles auf, was für Sie hörbar wird, verbinden damit aber nicht die Erwartung von etwas Aufregendem oder Erschreckendem. Wenn Ihnen diese Übung schwierig vorkommt, seien Sie ohne Sorge. Sie wird wie alle anderen mit wachsender Kraft Ihrer mentalen Muskeln leichter.

Übung 22: Meditation des wachen Hörens

1. Setzen Sie sich bequem hin. Wenn Sie mögen, schließen Sie die Augen.

2. Lauschen Sie mit voller Aufmerksamkeit. Was ist das Lauteste, das Sie hören? Und was das Leiseste? Können Sie Begriffe damit verbinden? Zum Beispiel: »Da fährt ein Wagen vorbei.« »Ein Vogel zwitschert.« »Und das ist das Summen des Computers.«

3. Lesen Sie noch einmal den Text zu Übung 6 im dritten Kapitel. Da haben Sie Ihre Atemzüge bis vier benannt und gezählt: »ein ... eins, aus ... eins« und so weiter.

4. Machen Sie diese Übung jetzt kurz, einfach nur vier oder acht Atemzüge lang.

5. Und jetzt teilen Sie Ihre Aufmerksamkeit auf: Sie benennen und zählen die Atemzüge und bleiben gleichzeitig, so gut es geht, im wachen Hören, aber ohne die Laute zu benennen oder sich von ihnen zu Gedanken verleiten zu lassen, die Ihre Zählung stören würden.

6. Sollten Sie feststellen, dass Sie überwiegend auf die Geräusche achten oder sogar anfangen, sie zu benennen (»Ah, da ist der Vogel wieder«), konzentrieren Sie sich erneut auf den Atem.

Sie können, wenn Sie möchten, auch eine der Gehübungen mit dieser Meditation verbinden. Von meinen Schülern höre ich allerdings oft, dass sie ihnen im Sitzen leichter fällt.

Mudras – Handgesten

Ich habe zwar eine spezielle Form des Yoga entwickelt, die ich Mundharmonika-Yoga nenne – klingt vielleicht lustig, ist aber kein Witz –, und übe, so ungelenkig ich bin, regelmäßig Hatha-Yoga, aber ich kenne trotzdem nur ein paar der yogischen Handgesten, die als Mudras bezeichnet werden. Jeder Mudra werden bestimmte Eigenschaften zugeschrieben, und wenn man eine Mudra beim Yoga oder während der Meditation hält, so heißt es, gehen diese Eigenschaften auf einen über. Ich wende sie in meiner eigenen Yogapraxis nicht oft an, aber es gibt ein paar Grundmudras, die meine gesammelte Aufmerksamkeit bei Gehübungen aller

Art unterstützen, und vielen meiner Schüler geht es ebenso.

Hier meine vereinfachte Version der Gyan-Mudra, die als eine Mudra des inneren Friedens angesehen wird: Sie gehen mit locker hängenden Armen, und dabei berühren sich die Spitzen von Daumen und Zeigefinger beider Hände ganz leicht. Bei der Shuni-Mudra, einer Handgeste der Geduld, berühren sich Daumen und Mittelfinger in der gleichen Weise. Ich persönlich habe die Finger bei Gehübungen gern in einer Haltung, die unter den üblichen Mudras gar nicht genannt ist: Ich lege die Spitzen von Zeige- *und* Mittelfinger an die Daumenkuppe. Vielleicht handelt es sich dabei einfach um positives Selbstgespräch in der Gestalt einer wortlosen Zeichensprache. Jedenfalls aber haben wir mit solchen Mudras ein weiteres Objekt, auf das wir uns bei der Meditation fokussieren können. Probieren Sie einfach einmal eine Ihrer Gehübungen mit einer Mudra aus. Wenn Sie das als nützlich empfinden, bleiben Sie dabei, dann haben Sie eine weitere unauffällige Hilfe für Ihre Achtsamkeit.

Hemisphärenübung

Hier noch eine kleine selbst entworfene Achtsamkeitstechnik, die von meinen Schülern gut aufgenommen worden ist.

Wie Sie vielleicht wissen, ist das Gehirn in zwei Hälften oder Hemisphären geteilt. Die rechte Hemisphäre versorgt und steuert überwiegend die linke Körperhälfte, die linke Hemisphäre die rechte Körperhälfte. Die beiden Hemisphären unterscheiden sich aber deutlich in ihren Grundfunktionen. Ganz grob gesagt ist die linke Hemisphäre für eher rationale, analytische Aufgaben zuständig, während die rechte ihrer Grundanlage nach eher den kreativen und intuitiven Part spielt. Die folgende Übung aktiviert die beiden Hemisphären abwechselnd und synchron mit dem Atem. Sie können jede Atemmeditation damit ergänzen.

Übung 23: Atemübung rechts-links

1. Machen Sie irgendeine der bisher gelernten Atem- oder Gehübungen. Schließen Sie eine Hand beim Einatmen zu einer lockeren Faust (also nicht so fest, als wollten Sie einen Fausthieb landen oder etwas packen). Sie können auch eine der beschriebenen Mudras machen.

2. Beim Ausatmen lösen Sie diese Hand wieder und machen das Gleiche mit der anderen Hand. Wiederholen Sie das für die gesamte Dauer Ihrer Meditation.

Wandeln Sie die Reihenfolge auch ab, und beantworten Sie für sich die Frage, wie die abwechselnd zur Faust geschlossenen oder die Mudra formenden Hände am besten zu den Atemphasen passen. Gibt es da eine Kombination von Handgeste und Ein- beziehungsweise Ausatmung, die sich »besonders richtig« anfühlt? Wenn ja, dann halten Sie sich an diese Verbindung. Und wenn es keine Rolle spielt, dann wählen Sie einfach eine Hand für das Ausatmen und die andere für das Einatmen und bleiben Sie dabei. Das ist neben der mit beiden Händen geformten Mudra einfach eine weitere Technik, mit der wir unsere Sammlung während der Meditation unterstützen können.

Achtsamkeit und die anderen

»Die Hölle, das sind die anderen« – das ist sicher das berühmteste Zitat von Jean-Paul Sartre überhaupt. Ob es tatsächlich so ist, hängt natürlich auch davon ab, in wessen Gesellschaft wir uns überwiegend aufhalten; aber ziemlich sicher hat jeder einen Angehörigen, Freund oder Kollegen, mit dem er nur schwer zurechtkommt.

Sehr gut wirken hier Übungen, bei denen wir unsere Aufmerksamkeit aufteilen: auf einen schwierigen Menschen einerseits und unseren Atem andererseits. Dann sind Sie der Gegenwart dieses Menschen nicht mehr einfach ausgeliefert, sondern können dabei Ihre mentalen Muskeln trainieren. Darüber hinaus desensibilisieren Sie sich gegenüber diesem Menschen, und was könnte besser sein? Wir kommen später noch ausführlicher darauf zurück, machen hier aber schon einmal eine Art »Trockenübung«, einfach weil der Umgang mit schwierigen Menschen sehr stressig sein kann. »Trockenübung« heißt, dass dazu nicht unbedingt eine »Live-Situation« erforderlich ist.

Übung 24: Geteilte Aufmerksamkeit gegenüber unangenehmen Menschen

1. Schalten Sie Radio oder Fernseher ein, oder gehen Sie mit Ihrem Computer ins Internet.

2. Suchen Sie sich ein Programm oder die Aufzeichnung einer Sendung, die Sie gar nicht mögen und normalerweise sofort ausschalten würden, wenn auch nur ein bestimmtes

Gesicht auftaucht oder eine bestimmte Stimme zu hören ist.

3. Beginnen Sie jetzt mit einer Ihrer Atemmeditationen. Es spielt keine Rolle, ob Sie dabei sitzen oder im Gehen üben, solange Sie
nur die Sendung weiter verfolgen können.

4. Versuchen Sie, Ihre Aufmerksamkeit zwischen dem Ärgernis und Ihrem Atem aufzuteilen.

5. Sollten Sie sich so sehr ärgern, dass
Abwehrimpulse aufkommen – geballte
Fäuste, zusammengebissene Zähne und
so weiter –, müssen Sie der Atemmeditation
einen größeren Teil Ihrer Aufmerksamkeit
widmen. Wenn Sie andererseits den
Quatsch, den diese Nervensäge im Radio
oder Fernsehen verzapft, nicht mehr richtig
mitbekommen, müssen Sie leider der Sendung etwas mehr Aufmerksamkeit zukom-
men lassen.

6. Bleiben Sie ein, zwei Minuten dran. Drei,
wenn Sie es ertragen.

Vielleicht stellen Sie fest, dass die Sendung dann
schon nicht mehr ganz so viel Nervenkraft verlangt,

weil die partielle Ableitung der Aufmerksamkeit auf den Atem Sie vor einer ausgewachsenen Stressreaktion bewahrt. Das wird vielleicht nicht Ihre Lieblingsübung, aber sie leistet Ihnen wirklich gute Dienste, wenn Sie es nicht mehr nur mit Medienprodukten, sondern mit realen Menschen zu tun haben.

Zusammenfassung

- Wichtig: Machen Sie Gelegenheiten zu Ihrer ausgewählten Übung ausfindig, und üben Sie mindestens sechsmal pro Tag. Je öfter, desto intensiver das Training der mentalen Muskeln und desto größer der Nutzeffekt für Sie.

- Experimentieren Sie mit allen neuen Übungen dieses Kapitels. Manche mögen Ihnen etwas abwegig erscheinen, aber lassen Sie sich nicht abschrecken. Wenn etwas Ihre gesammelte Aufmerksamkeit verstärkt, bleiben Sie dabei. Wenn nichts richtig zieht, wiederholen Sie einstweilen Ihre bisherigen Favoriten und sehen sich hier später noch einmal um.

- Die Übungen des wachsamen Sehens und Hörens könnten Ihnen etwas schwieriger erscheinen, da das Sehen und Hören ein wenig abstrakter ist als Gehen, Benennen und Zählen, mit denen Sie bisher beschäftigt waren.

- Falls Sie Zweifel bekommen, hören Sie nicht einfach auf, sondern kehren Sie für einige Zeit zu den Grundübungen zurück. Danach wenden Sie sich in einem neuen Anlauf noch einmal den etwas kniffligeren Übungen zu.

- Sollte es in Ihrem Leben Menschen geben, mit denen Sie nicht gut zurechtkommen, wird die Beschäftigung mit der letzten Übung in diesem Kapitel Ihnen wahrscheinlich zu einem achtsameren Umgang mit diesen Menschen verhelfen. Vielleicht nicht auf Anhieb, aber irgendwann.

9 Visualisation für Bienen

Der Ausdruck »etwas vor dem inneren Auge sehen« sagt Ihnen sicher etwas, er bezeichnet unsere Fähigkeit, innere Bilder zu schaffen oder Gedanken in solche Bilder zu übersetzen. Sie brauchen nur an Ihren ersten Wagen, Ihr Fahrrad oder Ihr bestes Paar Schuhe zu denken, schon ist Ihnen das alles fast gegenständlich gegenwärtig. Das ist die simpelste Form dessen, was man als Visualisation bezeichnet.

Denken Sie jetzt an eine alltägliche kleine Verrichtung – Zähne putzen, in den Bus einsteigen, den Hund füttern. Sobald Sie das vor Augen haben, vergegenwärtigen Sie sich die einzelnen Schritte: nach der Zahnbürste greifen, Zahnpasta auftragen, die Backenzähne bearbeiten und so weiter. Das ist Visualisation.

Wir können aber nicht nur Dinge visualisieren, die wir bereits gesehen beziehungsweise erlebt haben, sondern auch alles, was wir gern eintreten sähen – oder fürchten. Die Visualisation kann wie das Selbstgespräch für oder gegen uns arbeiten. Natürlich zielen die Übungen dieses Kapitels auf Ersteres ab.

Die meisten Leistungssportler wissen heute, dass sie ihre Leistung beim Spiel oder Wettkampf steigern können, wenn sie sich vorher ein wenig Zeit nehmen, um sich selbst bei den zum Sieg führenden Aktionen zu visualisieren. Das verdanken wir Autoren wie Mihaly Csikszentmihalyi und Charles Garfield (mit dem ich bei einem Projekt für die ehrenamtliche Betreuung Sterbender und Trauernder zusammenarbeiten konnte). Dieses hochwirksame Vorgehen kann uns auch bei unserem Achtsamkeitstraining unterstützen. Die anschließende Übung wird Ihnen einen Geschmack davon vermitteln.

Übung 25: Meditative Visualisation

Bei dieser Übung verwenden wir die Visualisation als eine Art mentalen »Probelauf«. Was wir gedanklich durchgespielt haben, ist dann im realen Leben möglicherweise leichter zu bewältigen.

1. Denken Sie an eine Situation, die Gelegenheit zu einer Atemübung im Sitzen oder Gehen bieten würde. Vielleicht lesen Sie im

Bus normalerweise die Zeitung. Vielleicht überlegen Sie auf dem Weg zum Restaurant, was Sie bestellen werden.

2. Stellen Sie sich jetzt vor, Sie seien in dieser Situation. Aber sehen Sie sich dabei nicht die Zeitung lesen oder über die Wahl des Gerichts nachdenken (wie Sie es im realen Leben wahrscheinlich tun würden), sondern stellen Sie sich vor, dass Sie eine kurze Geh- oder Atemübung einschieben.

3. Machen Sie die Visualisation so lebensecht wie möglich, beziehen Sie alle Sinne ein: Fühlen Sie den Bussitz unter sich, riechen Sie die Auspuffgase, spüren Sie den kühlen Luftzug der Klimaanlage, hören Sie die Verkehrsgeräusche oder die anderen Fahrgäste. Und visualisieren Sie besonders deutlich sich selbst, wie Sie dort sitzen und üben – »ein ... eins, aus ... eins, ein ... zwei, aus ... zwei« und so weiter.

4. Machen Sie die visualisierte Übung jetzt auch wirklich – »ein ... eins, aus ... eins, ein ... zwei, aus ... zwei...« –, sodass der vorgestellte Durchlauf der Übung mit der realen Meditation zusammenfällt.

5. Nehmen Sie sich vor, das Visualisierte auch im realen Leben stattfinden zu lassen.

6. Und wenn sich die Gelegenheit dann bietet, wenn Sie also im Bus sitzen oder zum Essen gehen, dann nutzen Sie sie wie in Ihrer Vorstellung geprobt.

Je häufiger Sie die Visualisation üben, desto leichter werden Sie das Visualisierte verwirklichen können. Natürlich muss es sich um eine realistische Szene handeln. Über ein Hochhaus springen – das können Sie jahrelang visualisieren, es wird Ihnen trotzdem nicht gelingen. Aber bei realistischen Zielvorstellungen sind Visualisationen eindeutig eine Hilfe. Und darum geht es in der nächsten Übung.

Durch Visualisation die Empfindlichkeit herabsetzen

In Übung 19 (Kapitel 7) haben Sie die Aufteilung Ihrer Aufmerksamkeit geübt, um sich gegenüber einem gewählten Sackgassengedanken unempfindlicher zu machen. In der nächsten Übung werden Sie etwas visualisieren, was erstens in nicht allzu ferner Zukunft eintreten könnte, zweitens wahrscheinlich ein wenig unangenehm für Sie sein wird (also eine gewisse Stressreaktion vom Typ Flucht oder vom Typ Abwehr auslösen wird) und von dem Sie drittens glauben, es könne leichter zu ertragen sein, wenn es Ihnen gelingt, vor, während und nach dem Ereignis bei einer Meditationsübung zu bleiben.

Bei mir ist es so, dass ich nervös werde, wenn ich warten muss, weshalb ich mir »auf den Bus warten« als geeignete Situation für diese Übung vorstellen kann. Fahrplanmäßig soll der Bus alle fünf Minuten kommen, aber er tut es nicht, und das nervt mich. Da ich von ungeduldiger Natur bin, mache ich diese Übung oft auch dann, wenn ein Telefonat oder ein Treffen mit jemandem bevorsteht, der oder die mich leicht auf die Palme bringt. Und schließlich mache ich sie auch bei meiner Hospizarbeit, wenn eine Begegnung bevorsteht, vor der ich Angst habe. Sollten Sie bei dieser Übung den Fokus Ihrer Aufmerksamkeit auf für Sie unausstehliche Menschen oder Umstände richten wollen, sollten Sie unbedingt schon mindestens fünf Minuten mit Übung 24 am Ende des vorigen Kapitels zugebracht haben.

Übung 26: Desensibilisierungsübung für ein bevorstehendes Ereignis

1. Wählen Sie etwas leicht Ärgerliches,
   Beängstigendes oder Verunsicherndes,
   zu dem es durchaus tatsächlich kommen
   könnte.

2. Visualisieren Sie das Ereignis nach der
   Anleitung in Übung 25 so klar wie möglich,
   sodass Sie innerlich bereits vorwegnehmen
   können, was da zu hören, zu sehen und
   zu fühlen sein wird.

3. Teilen Sie Ihre Aufmerksamkeit nach der
   Anleitung in Übung 24 zwischen dem
   visualisierten Ereignis (der Bus kommt
   nicht, eine nervtötende Person, ein lästiger
   Anruf) und der Atemmeditation Ihrer Wahl
   auf.

4. Weiter wie in Übung 24: Wenn Sie sich so
   weit erregen, dass Stresssymptome aufkommen, richten Sie Ihre Aufmerksamkeit
   mehr auf die Atemmeditation. Sollte die
   Visualisation undeutlich werden, müssen
   Sie vielleicht für ein paar Augenblicke zu
   Schritt 2 zurückkehren, bevor Sie Ihre Aufmerksamkeit wieder aufteilen.

Wenn Sie das lange genug machen – und zwar eher dreimal zwei Minuten als sechs Minuten am Stück –, erhöht sich die Wahrscheinlichkeit, dass Sie positive Wirkungen bemerken: Durch den Desensibilisierungseffekt fällt das tatsächliche Ereignis dann vielleicht weniger stressig aus als gedacht, und wahrscheinlich werden Sie sich mit der Meditation der geteilten Aufmerksamkeit im Ernstfall leichter tun, weil Sie sie bereits innerlich geprobt haben.

Zusammenfassung

- Visualisation ist ein sehr wirksames Hilfsmittel, das im Sport und bei musikalischen Darbietungen von vielen genutzt wird. Sie leistet auch einen wertvollen Beitrag zum Aufbau unserer Achtsamkeit.

- Ähnlich wie das Selbstgespräch kann die Visualisation guten oder schlechten Zwecken dienen, je nachdem, was wir uns vorstellen – und das steht uns frei. (Übrigens: Wenn Sie sich vorstellen, wie Sie mit einer unangenehmen Situation gut umgehen, ist das ebenfalls eine positive Visualisation!)

- Je deutlicher Sie sich eine Situation vergegenwärtigen, das heißt, je mehr Sinne Sie einbeziehen, desto wirksamer wird Ihre Visualisation ausfallen.

- Nutzen Sie die Visualisation als Probedurchlauf für die Anwendung von Achtsamkeitstechniken in realen Situationen. Die Probe erleichtert Ihnen die reale Umsetzung.

- Mit Visualisationen können Sie auch Ihre Empfindlichkeit gegenüber erwartbaren realen Situationen herabsetzen. Besonders hilfreich kann sie für den Umgang mit schwierigen Menschen sein. Proben Sie einfach rechtzeitig die Aufteilung Ihrer Aufmerksamkeit auf die Person und Ihre Atemübung.

10 Vor der Entscheidung ein paar Augenblicke Achtsamkeit

Jetzt wird es Zeit für ein paar weitere Übungen, die Ihnen einen Eindruck von etwas subtilerer oder höherer Achtsamkeit vermitteln, dabei aber auch Ihre mentalen Muskeln weiter trainieren. Zunächst werden Sie lernen, mit Ihrer Aufmerksamkeit zwischen verschiedenen *Objekten* der Meditation (dem Gehen und dem Atem) zu wechseln. Danach wird es mehr um den *Prozess*-Charakter der Dinge gehen, zwischen denen Sie wechseln – Gehen, Atmen, Zählen, Benennen, Fühlen und Hören –, alles noch auf der körperlichen Ebene. Schließlich werden Sie auch *unkörperliche Prozesse* in Ihre Übung der Aufmerksamkeitsverschiebung aufnehmen, und zwar sowohl Gedanken, wie etwa Sackgassengedanken, als auch geistige Prozesse wie das Urteilen.

Auffrischen einiger neuerer Übungen

Vielleicht erinnern Sie sich nicht mehr genau an die letzten Übungen. Dann sollten Sie dort noch einmal nachblättern, da wir sie gleich brauchen werden:

- Übung 19: Atemmeditation mit einem negativen Gedanken, bei der Sie im Gehen zwischen Ihrem Sackgassengedanken und einer bevorzugten Geh- und Atemübung wechseln.
- Übung 21: Atemmeditation, bei der Sie im Zustand der visuellen Wachheit bleiben und zugleich Ihre bevorzugte Gehübung machen.
- Übung 22: Die Meditation des wachen Hörens, bei der Sie sich auf das konzentrieren, was gerade zu hören ist, und dazu eine Atemübung machen. Wenn Sie das noch nicht im Gehen geübt haben, versuchen Sie es jetzt.
- Übung 23: Das ist die »Atemübung rechts-links«, bei der Sie die Hände abwechselnd zu einer lockeren Faust schließen, während Sie ein- und ausatmen.

Auffrischen der Grundübungen

Ich gehe davon aus, und hoffentlich irre ich mich nicht, dass Sie die drei grundlegenden Geh- und Atemmeditationen inzwischen ganz gut verinnerlicht haben. Sollten sie noch nicht so ganz sitzen, befassen Sie sich bitte noch einmal damit, Sie werden sie gleich brauchen:

- Übung 5: die Atemübung, bei der Sie die Atemphasen einfach mit einem langen »ein« und »aus« benennen.
- Übung 7: die Gehübung mit Benennen und Zählen der Atemzüge bis vier – »ein ... eins, aus ... eins, ein ... zwei, aus ... zwei ...«, danach wieder von vorn.
- Übung 12: die Übung im Gehen mit Atem- und Schrittzählung, bei der Sie die Atemzüge benennen und die Schritte zählen, aber die Anzahl der Schritte pro Atemphase nicht festgelegt ist. Zum Beispiel »ein ... zwei ... drei ... vier, aus ... zwei ... drei«.

Jetzt stelle ich Ihnen eine Meditation vor, bei der Sie diese wichtigen Grundübungen anwenden und subtile Verlagerungen der Aufmerksamkeit vornehmen – zum weiteren Aufbau Ihrer mentalen Muskelkraft.

Übung 27: Geh- und Atemübung in drei Phasen

1. Üben Sie ein, zwei Minuten lang das Benennen des Einatmens und Ausatmens (Übung 5). Versuchen Sie nicht, die Atmung mit den Schritten zu koordinieren, aber wenn es von selbst geschieht, lassen Sie es zu.

2. Gehen Sie jetzt, ohne Ihre Gangart zu ändern, kurz zu Übung 7 über: Benennung der Atemphase und Zählung bis vier – »ein … eins, aus … eins, ein … zwei« und so weiter. Zählen Sie mindestens zweimal bis vier durch.

3. Und wieder ohne Änderung Ihrer Gangart wechseln Sie zu Übung 12, bei der Sie weiterhin die Atemzüge benennen, aber dazu die Schritte zählen – »ein … zwei … drei, aus … zwei … drei … vier« und so weiter.

Blicken Sie zurück: War eine der Übungen schwieriger als die anderen? Fällt Ihnen die Konzentration bei dieser kombinierten Übung schwerer, als wenn Sie bei einer Übung bleiben?

Bei uns Bienen, habe ich festgestellt, ist es so, dass ein breites Angebot an Übungen und schnelle Wechsel unserer konzentrierten Aufmerksamkeit auf die Sprünge helfen. Die folgenden Übungen basieren auf dieser Feststellung. Probieren Sie bitte alle aus. Doch auch wenn Sie nur Übung 27 machen und jeden Tag bei allen Ihren Wegen möglichst viele Gelegenheiten dazu nutzen, werden Sie sehen, dass der Trainingseffekt für Ihre mentalen Muskeln enorm groß ist, sodass Sie mit Sackgassengedanken besser umgehen und Stressreaktionen leichter abfangen können.

**Übung 28: Augen, Ohren, Hand –
eine Kombimeditation**

Sie werden sich jetzt auf drei Arten von Körperwahrnehmung konzentrieren und dabei gleichzeitig eine Atemmeditation wie in Übung 5 machen. Bestimmt haben Sie inzwischen verinnerlicht, dass Sie bei dieser Übung einfach jede Atemphase über ihre gesamte Dauer mit einem langgezogenen »ein« beziehungsweise »aus« begleiten. Versuchen Sie, überwiegend bei den Hör-, Seh- und Berührungseindrücken (Fäuste oder Mudras) zu bleiben und nur so viel Aufmerksamkeit für den Atem abzuzweigen, dass Sie Ihre Atemzüge weiterhin mit »ein« und »aus« benennen können.

1. Gehen Sie in mäßigem Tempo. Fangen Sie an, Ihre Atemzüge gemäß Übung 5 zu benennen.

2. Nach etwa einer halben Minute legen Sie eine weitere halbe Minute der Wachsamkeitsmeditation gemäß Übung 21 ein, wobei die Achtsamkeit hauptsächlich in den Augen liegen soll. Halten Sie sich dabei möglichst frei von Gedanken.

3. Ziehen Sie den größten Teil Ihrer Aufmerksamkeit vom Sehen ab, und wenden Sie sie zu einer kurzen Meditation des wachen Hörens (Übung 22) den akustischen Eindrücken zu.

4. Sobald das schwierig wird, weil sich Gedanken aufdrängen, kehren Sie zum Benennen der Atemzüge zurück, jetzt aber in Verbindung mit der Meditation für die rechte und linke Hand (Übung 23).

5. Wiederholen Sie die Schrittfolge 1 bis 4 mindestens noch einmal, besser mehrmals.

Übung 29: Kombinierte Achtsamkeitsmeditation

Hier werden Sie jetzt drei Formen der Achtsamkeit miteinander verbinden: eine Geh- und Atemübung, eine Wachsamkeitsübung und eine Übung mit einem

Sackgassengedanken. Versuchen Sie es einfach jetzt gleich, und ich erkläre Ihnen anschließend, weshalb das wichtig ist.

1. Gehen Sie in gemächlichem Tempo, und üben Sie dabei nach dem Muster von Übung 7 oder Übung 12.

   Nach Übung 7 benennen Sie Ihre Atemzüge bis vier und beginnen dann wieder von vorn.

   Nach Übung 12 benennen Sie Ihre Atemzüge und zählen dabei die Schritte, die Sie für jeden Atemzug brauchen – beispielsweise »ein ... zwei ... drei ... vier, aus ... zwei ... drei«. Die Anzahl ist nicht vorgegeben, sondern ergibt sich aus Ihrem natürlichen Gehrhythmus.

   Machen Sie sich keine exakten Zeitvorgaben, es können vierzig Sekunden oder auch eineinhalb Minuten sein.

2. Fügen Sie jetzt, ohne diesen Übungsablauf zu unterbrechen, ein Wachsamkeitselement hinzu: Ihr Blick nimmt wach alles auf, bleibt aber an nichts hängen und lässt sich von keinem Eindruck fesseln.

   Das kann wieder ungefähr eine halbe Minute dauern.

3. Jetzt ist der Punkt gekommen, an dem Sie Ihre Aufmerksamkeit sowohl von den visuellen Eindrücken als auch vom Atem und vom Gehen abziehen und ganz auf den Stressgedanken konzentrieren, den Sie für Übung 18 gewählt haben. Bleiben Sie so lange bei diesem Gedanken, bis Sie eine Anspannung der Kiefer und Hände oder eine gewisse Bangigkeit spüren.

4. Zum Schluss setzen Sie Ihre mentalen Muskeln ein, um zu Schritt 1 dieser Übung zurückzukehren – reine Atemmeditation oder Atemmeditation mit Schrittzählung. Wiederholen Sie den gesamten Ablauf, am besten mehrmals.

Hier haben wir alles, was Achtsamkeit in Bewegung ausmacht. Bei dieser Übung steuern wir die Richtung unserer Aufmerksamkeit und verändern sie gezielt: vom Atem zum wachen Sehen, vom wachen Sehen zum Sackgassendenken und wieder zurück zum Atem. Unser Weg führte uns von einfachen körperlichen Vorgängen (Atmung, Gehen) über die komplexere Anforderung der Wachsamkeit bis zur Ebene des Denkens (Stressgedanke) und schließlich zurück zur ursprünglichen körperlich ausgerichteten Übung des Atmens und Gehens.

Nur schauen, nur hören

Da die nachfolgenden Übungen nicht neu sind, sondern nur bekannte Übungen weiter konkretisieren, gebe ich ihnen keine eigenen Nummern. Sie sind aber trotzdem wichtig, da sie ein etwas höheres Niveau der Achtsamkeit anpeilen, das wir uns jetzt erarbeiten wollen.

Machen Sie doch jetzt gleich einmal eine kurze Gehübung mit wachem Sehen. Ihre Augen nehmen Lichteindrücke auf, die über den Sehnerv weitergeleitet und vom Gehirn laufend nebenher interpretiert werden. Baum. Gehsteig. Mülltonne. Fängt Ihr Kopf sofort an, Ihnen Geschichten zu den gesehenen Dingen zu erzählen? »Der Baum müsste geschnitten werden. Diese Mülltonne quillt über.« Wenn ja, wissen Sie, was zu tun ist. Sie holen Ihre Aufmerksamkeit einfach zur Gehübung zurück, denn während der Übung sind alle nicht direkt dazugehörenden geistigen Aktivitäten – also alles außer dem Benennen und Zählen – definitionsgemäß Sackgassengedanken.

Machen Sie es ebenso mit dem wachen Hören bei der Geh- und Atemübung. Kommen Gedanken auf?

Bleiben Sie einfach bei Ihren Atemzügen, bei Ihren Schritten und bei allem, was Sie hören – aber ohne es zu benennen.

Diese sensorische Wachheit, die Sie hoffentlich immer mal wieder für ein paar Sekunden erlebt haben, wird von manchen Achtsamkeitslehrern mit »nur sehen« oder »nur hören« umschrieben. In dieser Verfassung ist Ihr Geist durch die Ausrichtung auf den Atem soweit ruhiggestellt, dass er nicht immer gleich urteilt oder mit diesen endlosen Geschichten anfängt: »Das sieht richtig nett aus. So ein unangenehmes Geräusch. Der Baum da erinnert mich an einen anderen, gegen den ich 1998 mit dem Auto gekracht bin.«

Probieren Sie jetzt die Meditation des wachen Sehens mit einer einfacheren Atemübung (5) aus, bei der Sie nur die Atemzüge über ihre ganze Länge mit »ein« und »aus« benennen. Aufgrund der geringeren Anforderung kann es sein, dass eher ein Selbstgespräch aufkommt. Üben Sie weiter, und es wird Ihnen bald leichter fallen, beim Gehen und Benennen der Atemzüge »nur zu sehen« oder »nur zu hören«.

Und wenn Sie sich damit eine Weile beschäftigt haben – einen Tag, eine Woche oder einen Monat –, versuchen Sie zwischendurch einmal, für einen Moment nur zu schauen, *ohne* jede zusätzliche Übung. Da ist das Selbstgespräch natürlich schwerer fernzuhalten, weil Sie ohne Unterstützung durch die Atemübung mehr mentale Muskelkraft für das reine Sehen brauchen. Manchmal hilft es, zunächst für einen Moment die Ausrichtung auf den Atem beizubehalten und sich dann davon zu lösen, um »nur zu schauen«. Mit der Atembenennung aufhören, ohne ins Selbstgespräch zu fallen – es klingt einfach, ist aber nicht unbedingt leicht.

Auf den außenstehenden Beobachter wirken Sie wie einer der vielen, die da herumspazieren, man sieht Ihnen nicht an, dass Sie ein unerschrockener Forscher auf dem Gebiet des achtsamen Tuns sind. Aber Sie wissen und fühlen es.

Einfach nur tun

Wenn Sie das einige Zeit geübt haben, werden Sie die gleiche gerichtete Aufmerksamkeit überall anwenden und »einfach nur tun«. Wenn Sie einfach nur tun, ist Ihre gesamte Aufmerksamkeit bei dem, was gerade ansteht, sei es ein Hobby, ein Werkstück, Sport, Musik oder der Austausch mit anderen. Eigentlich ist es nichts weiter, als dass Sie ausschließlich auf das achten, was jeweils gerade zu beachten ist. Und das kann sich ständig ändern. Wenn Sie ein Modellflugzeug basteln, müssen Sie sich trotzdem um die Bedürfnisse Ihres Babys kümmern. Dabei macht Ihre Aufmerksamkeit erst eine Kehrtwendung hin zum Baby und dann noch eine zurück zum Flugzeug. Beim Gespräch mit einer Freundin müssen Sie vielleicht zwischendurch einen Anruf annehmen, der ebenfalls Ihre volle Aufmerksamkeit braucht.

Sie werden immer mehr Zutrauen zu Ihrer Fähigkeit gewinnen, sich von Ihrem Kopf nicht immer wieder in altbekannte Ängste, Ärgernisse und andere Stressformen verwickeln zu lassen, sondern Ihre ungeteilte Aufmerksamkeit dorthin zu richten, wo sie jeweils benötigt wird. Es ist nicht einfach, das gut oder auch nur einigermaßen hinzubekommen. Die meisten Menschen kommen gar nicht erst auf die Idee, es zu versuchen. Aber wenn Sie einmal wissen, dass es möglich ist, wenn Sie mentale Muskelkraft aufgebaut haben und anfangen können, die Spreu vom Weizen zu sondern – den gewohnten nutzlosen Gedankensalat von gezielter Aufmerksamkeit –, werden Sie mit Feuereifer daran arbeiten. Fangen Sie am besten gleich an. Achtsamkeit ist eine Lebensaufgabe.

Die kühle Zunge

Das Folgende ist eigentlich keine Übung, aber Sie können damit alle Atemübungen um eine zusätzliche körperliche Empfindung erweitern. Im Kriya-Yoga wird eine ähnliche Technik angewendet.

Legen Sie die Zunge etwa einen Zentimeter hinter den oberen Schneidezähnen an den Gaumen. Die Zunge bleibt locker, und seitlich soll die Luft ungehindert vorbeistreichen können, wenn Sie durch den Mund atmen. Achten Sie auf das kühle Gefühl an den Seiten der Zunge und an ihrer Unterseite, das beim Einatmen entsteht. Ausatmen können Sie durch die Nase oder ebenfalls durch den Mund, wie Sie möchten, aber atmen Sie immer durch den Mund ein. Wenn Sie feinfühlig auf körperliche Empfindungen reagieren, kann das Ihre Konzentration bei Atemübungen im Gehen oder Sitzen unterstützen.

Bevor ich im nächsten Kapitel zum Thema »Urteilen« komme, möchte ich Ihnen noch eine Atemübung vorstellen, die Sie immer machen können, wenn Sie irgendwo sitzen, sei es am Computer oder beim Warten auf Ihr Essen. Mit dieser Übung können Sie in einen Zustand tiefer Achtsamkeit gelangen.

Wir werden hier noch intensiver auf unseren Atem achten und nicht mehr lediglich seine Richtungsänderungen vermerken. Wenn unser Körper in Ruhe ist und wir langsam und gleichmäßig atmen, entsteht zwischen Einatmen und Ausatmen oft ein Moment der Schwebe. Für einen Sekundenbruchteil befindet sich der Zwerchfellmuskel, der unsere Atemluft pumpt, im Ruhezustand. Probieren Sie es aus, und rechnen Sie mit einer tieferen Konzentration auf den Atem.

Übung 30: Tiefe, achtsame Atemmeditation

1. Wenn Sie ein paar Augenblicke still dagesessen haben, bis Ihr Atem so langsam und regelmäßig geworden ist, wie er im Ruhezustand wird, atmen Sie etwas tiefer ein, aber nur so weit, wie es ohne merklichen Kraftaufwand möglich ist. Dann halten Sie den Atem kurz an.

2. Dieses Anhalten lässt sich auf dreierlei Art bewerkstelligen. Wenn Sie den Mund geöffnet lassen, werden Sie mit der Rachenmuskulatur den Luftweg der Nase verschließen (wie in Übung 20) und zugleich die Zungenwurzel anheben, sodass keine Luft durch den Mund entweicht.
Sollten Sie den Mund geschlossen halten, brauchen Sie nur mittels der Rachenmuskulatur die Nase zu verschließen. So würden Sie es wahrscheinlich unter Wasser machen, damit auf keinen Fall Wasser in die Lunge dringt.
Drittens, und das sollen Sie jetzt üben, können Sie einfach eine oder zwei Sekunden lang das Atmen einstellen, ohne die Luftwege zu verschließen. Halten Sie das Zwerchfell einfach am Ende eines ausreichenden,

aber nicht übermäßigen Einatmens in der erreichten Stellung, wobei Mund und Nase durchgängig bleiben. Üben Sie das jetzt kurz mit einer Hand auf dem Oberbauch: Sie spüren die Bewegung des Einatmens, dann kommt ein Moment ohne Bewegung und schließlich das langsame, tiefe Ausatmen.

3. Atmen Sie jetzt auf diese Weise ein, zwei Minuten lang, und achten Sie darauf, dass Sie nicht zu tief einatmen (aber tief genug, um ausreichend mit Sauerstoff versorgt zu sein).
Am Ende des Einatmens halten Sie das Zwerchfell kurz in der Stellung, die es dann erreicht hat, und atmen anschließend ohne Nachdruck ganz aus.
Auch am Ende des entspannten Ausatmens pausieren Sie kurz und halten das Zwerchfell in seiner Ruhestellung. Dann folgt wieder das Einatmen.

4. Atmen Sie auf diese Art noch eine Weile, und benennen Sie dabei die Atemzüge über ihre ganze Länge sowie die Pausen – »ein ... Pause, aus ... Pause« und so weiter.

Sollten noch andere mit dem Atem zusammenhängende Phänomene auftreten – ein Niesen, ein Schluckauf, ein Gähnen –, nehmen Sie auch das einfach wahr. Außerdem gilt wie immer: Wenn die Konzentration nachlässt und Sie auf einmal merken, dass Sie gar nicht mehr benennen, lassen Sie bitte keine Sekunde Platz für Selbstgespräche (»Schon wieder vermasselt!«), sondern machen Sie sich augenblicklich klar, wo Sie gerade sind: »ein«, »aus« oder »Pause«. Benennen Sie die Phase, und dann machen Sie weiter.

Übung 31: Langsame Atemmeditation

Diese Übung, finde ich, fordert ein hohes Maß an Aufmerksamkeit, und ich widme mich ihr so ausgiebig, dass manche es wohl schon ein bisschen extrem finden werden. Mithilfe meiner Armbanduhr oder einer digitalen Uhr verlangsame ich meinen Atem auf die niedrigste noch angenehme Frequenz – gemessen in Sekunden pro Atemphase –, die ich mühelos drei bis zehn Minuten aufrechterhalten kann, ohne ein Gefühl von Luftmangel zu bekommen.

Wichtig: Wenn Sie sich in medizinischer Behandlung befinden oder an irgendwelchen Einschränkungen oder Störungen der Atmung leiden, beschreiben Sie diese Übung bitte unbedingt Ihrem Arzt, und fragen Sie ihn, ob Sie sie ausprobieren dürfen. Und legen Sie keinen übertriebenen Ehrgeiz an den Tag! Es geht um die niedrigste *noch angenehme* Atemfrequenz, nicht um Sauerstoffentzug.

1. Sitzen Sie ein paar Augenblicke still da. Jetzt schauen Sie auf die Uhr und nehmen wahr, in welchem Rhythmus die Sekunden wechseln (eine digitale Anzeige macht das anschaulicher, aber mit einer Zeigeruhr geht es natürlich auch). Am Ende eines Ausatmens beginnen Sie mit der Zählung: einatmen bis drei und ausatmen bis drei.

2. Benennen Sie die Atemzüge, wie Sie es von der Gehübung her kennen (Übung 11), nur dass Sie jetzt nicht Ihre Schritte zählen, sondern die von der Uhr vorgegebenen Sekunden – »ein ... zwei ... drei, aus ... zwei ... drei«. Dieser Rhythmus ergibt zehn vollständige Atemzyklen pro Minute. Das ist langsam, aber keineswegs extrem langsam.

3. Versuchen Sie, die Atemzüge so zu bemessen, dass die Lunge nach drei Sekunden

angenehm gefüllt und nach weiteren
drei Sekunden ohne Anspannung entleert
ist.

4. Sollte sich dabei schon ein leichter Luftmangel bemerkbar machen, reduzieren Sie die
Atemlänge auf zwei Sekunden – »ein ...
zwei, aus ... zwei«. Ein vollständiger Atem-
zyklus dauert dann vier Sekunden, und so
kommen Sie auf fünfzehn Atemzyklen pro
Minute.

5. Wenn Ihnen die Zählung bis drei keine
Mühe bereitet, können Sie es mit vier
Sekunden pro Atemzug versuchen – »ein ...
zwei ... drei ... vier, aus ... zwei ... drei ...
vier«.

Nachdem Sie eine Weile experimentiert und geübt
haben, wird es darum gehen, die Atemlänge in Sekunden zu ermitteln, die Sie noch nicht als belas-
tend empfinden und bei der Sie vollkommen konzentriert bleiben müssen, sodass die Lunge nicht
vor dem Ablauf der Sekunden schon zu voll oder zu
leer ist. Bei mir (der ich immer etwas zum Angeben
brauche) sind das fünfzehn Sekunden pro Atemzug,
das heißt dreißig Sekunden für einen vollen Atem-
zyklus oder eben zwei Zyklen pro Minute – eine Ver-

langsamung, die mir hohe Konzentration abverlangt. Wenn ich auch nur ganz kurz gedanklich abschweife und die Atemgeschwindigkeit nicht mehr genau steuere, geht mir vor dem Ablauf der fünfzehn Sekunden die Luft aus, oder ich bringe keine Luft mehr unter.

Möglicherweise werden Sie feststellen, dass Sie zum Einatmen mehr Zeit benötigen als zum Ausatmen. Bei mir ist es oft so, dass ich zwanzig Sekunden einatme und dann fünfzehn Sekunden ausatme. Der Grund liegt einfach darin, dass es sich so richtig anfühlt. Ich bin, was meine Atmung angeht, gut in Form, sodass ich manchmal fünfundzwanzig Sekunden lang einatme und zwanzig ausatme. Aber wie gesagt, seien Sie hier nicht zu ehrgeizig. Es geht darum, *Ihren persönlichen* langsamsten Atemrhythmus zu finden, den Sie bei voller Konzentration über drei bis fünf Minuten halten können, ohne dass er Ihnen Unbehagen bereitet. Wenn Sie diesen Rhythmus einmal ermittelt haben, kann schon ein einziger Atemzug nach diesem Muster Ihre mentale Muskulatur trainieren und Stressreaktionen abfangen.

Zusammenfassung

- Kombinationen oder Folgen von verschiedenen Meditationsübungen sind sehr gut geeignet, ein Gefühl für Achtsamkeit zu bekommen. Eigentlich *sind* solche Übungen bereits Achtsamkeit.

- Bei uns Bienen ist es oft so, dass verschiedene Arten von Meditationen, in ein und derselben Übungseinheit untergebracht, unsere Konzentration fördern, selbst wenn die Einheit nur wenige Minuten lang ist.

- Die Geh- und Atemübung in drei Phasen (Übung 27) ist dafür ein wunderbares Beispiel. Wenn Sie bei jedem Gang von hier nach da nur diese eine Übung machen würden, könnten Sie damit schnell Ihr gesamtes Denken und Fühlen ändern.

- Sie trainieren Achtsamkeit, wenn Sie in der Lage sind, Meditationen von simpler körperlicher Ausrichtung (zum Beispiel das Zählen und Benennen von Atemzügen und Schritten) mit komplexeren Phänomenen (wie dem Sehen und Hören) und mit geistigen Vorgängen (wie dem Bewusstmachen und gezielten Unterbinden von Sackgassengedanken) zu kombinieren.

- Aber vernachlässigen Sie die Grundübungen des Trainings Ihrer mentalen Muskulatur trotzdem nicht!

- Ein ganz wichtiger Aspekt der Achtsamkeit ist das, was wir »einfach sehen« genannt haben: sich umsehen, ohne Gedanken aufkommen zu lassen und ohne sich Geschichten über das Gesehene zu erzählen. Jede Verrichtung, bei der Sie diese ruhige Aufmerksamkeit walten lassen können, wird »einfach tun« genannt. Und darin liegt der Kern des achtsamen Lebens.

- Die letzte Übung dieses Kapitels, das langsame Atmen, ist sehr gut für die Konzentration. Sie brauchen allerdings eine Uhr dafür. Seien Sie aber nicht ehrgeizig oder selbstkritisch, und lesen Sie die Anleitung vorher sorgfältig durch.

11 Urteilen

Ein Urteil besteht darin, dass wir etwas Wahrgenommenes – sei es ein Gedanke, irgendein Vorgang oder ein äußeres Objekt – laut oder innerlich einstufen und bewerten. Viele von uns neigen dazu, so viele, dass der oft zur Unterscheidung verschiedener Persönlichkeitstypen verwendete Myers-Briggs-Typindikator diese Neigung zu urteilen in einer seiner vier typologischen Hauptdimensionen (nämlich: urteilen ↔ wahrnehmen) verwendet. Sehr vereinfacht gesagt sind manche Menschen eher »Wahrnehmer« – sie nehmen die Dinge in sich auf, ohne gleich zu einer Analyse oder Bewertung kommen zu müssen; andere sind »Urteiler«, die von Haus aus dazu neigen, sich zu allem, was ihnen begegnet, sofort eine Meinung zu bilden.

Oft ist uns das Urteilen so in Fleisch und Blut übergegangen, dass wir es nicht einmal mehr bemerken. Es ist wichtig, dass wir diese Neigung über die mit ihr verbundenen Selbstgespräche bemerken. Achtsamkeit ist kaum möglich, solange wir das Verborgene und Unterbewusste nicht aufdecken und untersuchen.

Achtsame Unachtsamkeit

Zum Einstieg möchte ich Sie jetzt zu einer Übung anstiften, bei der Sie sich einer meist unguten Form des Selbstgesprächs hingeben sollen, dem Urteilen. Dazu kommt es ja bei den allermeisten Menschen zumindest zeitweilig, nämlich immer wenn wir uns sagen: »Dies mag ich, jenes nicht, und das da geht so und nicht anders.« Sicher sind Werturteile in manchen Zusammenhängen nützlich, zum Beispiel beim Computerkauf; aber grundsätzlich gilt: Je mehr wir urteilen, desto mehr neigen wir auch dazu, andere und uns selbst zu beurteilen.

Übung 32: Mögen, Nichtmögen und Neutralität – eine Urteilsmeditation

Was Sie jetzt ausprobieren werden, sieht vielleicht nicht gerade nach Meditation aus, sondern nach etwas, was viele von uns ohnehin unaufgefordert tun.

1. Lassen Sie beim Gehen den Blick schweifen und immer nur solange auf jedem Ding ruhen, dass Sie sich ein schnelles Urteil bilden können, das Sie also im Selbstgespräch als positiv, negativ oder neutral benennen, bevor Sie zum nächsten Gegenstand übergehen: »Die Blume hier gefällt mir. Der Busch da? Neutral. Den Geruch aus dem Abfallkübel mag ich gar nicht. Schön, wie der blaue Himmel durchs Laub leuchtet. Lautes Motorrad, schrecklich. Schöner Porsche.«

2. Da entstehen natürlich schnell Selbstgespräche, die über das simple Urteilen hinausgehen: »Oooh, ein Porsche 912, so einen hätte ich auch gern, dieser Geldsack, für den ich mal gearbeitet habe, der hatte einen...« Das muss Ihr Signal sein, das Sie sofort zum *schnellen* Urteilen zurückholt. Sollten Sie aber schwer von Ihrem Selbstgespräch loskommen, benutzen Sie Ihre mentalen Muskeln vielleicht besser für ein paar Atemzüge nach dem Muster von Übung 12: »Ein ... zwei ... drei ... vier, aus ... zwei ... drei« – und dann schalten Sie wieder in den Urteilsmodus.

Wenn wir ganz bewusst verfolgen, was wir da tun, und es nicht gewohnheitsmäßig und ohne Selbstwahrnehmung geschieht, sind wir achtsam. Dann kann das schnelle Urteilen sehr aufschlussreich sein und uns helfen, es in Zukunft auch zu bemerken, wenn wir es unbewusst tun. Erst als ich Übungen dieser Art bei meinen verehrten Lehrern Stephen Levine und Jack Kornfield gelernt hatte, fiel mir überhaupt auf, welch ein Wust von Urteilen sich ständig in meinen Gedanken abspielte. Und besonders harte Urteile trafen häufig ... mich selbst. Doch dazu später mehr.

Übung 33: Der Übergang vom Urteilen zum Nicht-Urteilen

1. Machen Sie einige Augenblicke lang die Gehübung mit wachem Sehen (Übung 21). Konzentrieren Sie sich wie gehabt auf die Schritte, das Benennen des Atems und das wache Sehen, ohne Geschichten um das Gesehene zu spinnen. Ihre Augen sind locker geöffnet, das Gesicht ist entspannt – Sie schauen einfach. Sie gehen einfach. Nur gehen und schauen.

2. Jetzt schalten Sie um. Achten Sie nicht mehr auf den Atem. Führen Sie Selbstgespräche, in denen Sie negativ über möglichst viele Dinge urteilen, die in Ihrem Blickfeld auftauchen. Halten Sie Ausschau nach allem, was sich beurteilen lässt, und urteilen Sie schnell, ohne groß darauf zu achten, ob Ihr Urteil zutrifft. »Was für ein unschöner Strauch. Der Himmel ist zu grau. Dieser Hund wimmelt bestimmt von Flöhen.« Spannen Sie bei diesen Urteilen die Muskeln unter den Augen ein wenig an. Sie werden schmal, die Nase ist gerümpft. Ich beiße dann auch noch die Zähne ein wenig zusammen, das macht mich noch abschätziger.

3. Jetzt lockern Sie die Gesichtsmuskeln wieder und kehren für ungefähr eine Minute zur Meditation des wachen Sehens zurück.

4. Versuchen Sie, den Zustand des »Nur-Sehens« zu erreichen. Wenn Sie dazu Hilfe benötigen, machen Sie gleichzeitig Übung 5, in der Sie nur das Ein und Aus des Atems benennen.

Wie fühlt sich der Übergang vom endlosen Nörgeln zum bloßen Schauen an? Den meisten Menschen wird in diesem Übergang erst richtig klar, wie unangenehm die ständige Ausrichtung auf das Negative ist. Und was für eine Last von ihnen abfällt, wenn sie für einen Moment davon ablassen. Das gewohnheitsmäßige Heruntermachen der Dinge hat einen hohen Preis, und wenn Sie das einmal bemerkt haben, können Sie etwas daran ändern. Sie wissen auch, wie: Konzentrieren Sie sich auf den Atem, und das Selbstgespräch ist unterbrochen.

Sinnvolle Analyse

Immer wieder kommt es vor, dass wir uns zwischen verschiedenen Möglichkeiten entscheiden müssen. Das nenne ich dann lieber »Analyse« oder »Entscheidungsfindung«, während ich unter »Urteilen« in diesem Zusammenhang eher nörgelnde Kritik verstehe. Nach den Gedankentypen, die wir in Kapitel 6 benannt haben, können wir dieses Urteilen als Sackgassengedanken bezeichnen, während die sinnvolle Analyse ein Gedanke des realen Lebens ist.

Das Urteilen kann weitergehende Selbstgespräche in Gang setzen, die dann eine Stressreaktion nach sich ziehen. Aus: »Das mag ich nicht« wird dann: »Das ist schlecht.« Oder vielleicht: »Das können sie mit mir nicht machen!« Wir werden uns im nächsten Kapitel mit Selbstgesprächen dieser Art befassen. Was wir hier gerade mit dem Wechsel vom Urteilsmodus zum bloßen Wahrnehmen und Betrachten üben, bereitet uns darauf vor, unsere Urteile rechtzeitig abzufangen.

Selbstbeurteilung

Wenn wir zu Urteilen neigen, be- und verurteilen wir wahrscheinlich auch uns selbst. Das kann in unserem von den Massenmedien geprägten Zeitalter sehr unangenehm werden, wenn wir uns mit all den gutaussehenden Leuten im Fernsehen, den Superreichen in der Zeitung, den Sportassen oder den herausgeputzten Models in den Modemagazinen vergleichen. Da kommen wir uns dann schon mal klein und hässlich vor.

Sollten Sie sich als jemanden sehen, der oder die bei solchen Vergleichen immer schlecht abschneidet, fangen Sie am besten mit einem einzigen abschätzigen Urteil an (»Fast alle sehen besser aus als ich«) und erklären es anschließend zum Sackgassengedanken. Haben Sie die dafür notwendige mentale Muskelkraft mithilfe der Übungen in Kapitel 7 aufgebaut? Wenn ja, dürfen Sie damit rechnen, dass Sie – nachdem Sie ein erstes negatives Urteil über sich selbst unschädlich gemacht haben – sich bald weiterer unnützer Selbstbeurteilungen entledigen werden.

Sollte andererseits an Ihrem Selbsturteil etwas dran sein – etwa wenn Sie sich als »faul« beurteilen und es tatsächlich sind –, müssen Sie sich eingehend damit befassen und überlegen, ob Sie etwas ändern müssen. Dann handelt es sich nicht um Sackgassendenken, sondern um Entscheidungsfindung, die eher zweckmäßiges Handeln als Stressreaktionen einleitet. Das schreibe ich so, als wäre es einfach. Es ist nicht einfach. Aber genau dazu trainieren wir ja unsere mentalen Muskeln: damit wir das, was getan werden muss, auch tatsächlich erreichen.

Niederlage oder Sieg?

Wenn uns die Zählung der Atemzüge völlig entgleitet oder wir das Ausatmen mit einem langgezogenen »ein« benennen, können unsere Urteile über uns selbst ziemlich hart ausfallen. Da kommt es schnell zu inneren Kommentaren wie »Ich kann das einfach nicht!« oder »Ich habe mentale Muskeln wie eine Nacktschnecke«. Das sind eindeutig Sackgassengedanken. Doch wenn Sie den Augenblick nutzen, um sich klarzumachen, was Sie da tun, und dann sofort zu einer ganz einfachen Übung (wie Übung 1) zurückkehren, können Sie die scheinbare Niederlage in einen Sieg der Achtsamkeit verwandeln.

Zusammenfassung

- Das Urteilen ist eine sehr verbreitete Form des Selbstgesprächs. Wir experimentieren damit in Situationen, in denen nicht viel auf dem Spiel steht (wie in Übung 32), und so lernen wir, es rechtzeitig zu bemerken.

- Wenn uns der Hang zu urteilen – insbesondere über uns selbst zu urteilen – bewusst wird, nehmen wir uns einen bestimmten Fall als Beispiel vor und behandeln ihn (in Anlehnung an Kapitel 7) als Sackgassengedanken.

- Urteile können besonders destruktiv werden, wenn sie unserer Meditation und Achtsamkeitsübung gelten. Aber wenn Sie eine Meditation total vermasseln und dann über sich lächeln, um dann sofort zum Benennen oder Zählen des nächsten Atemzugs oder Schrittes umzuschwenken, sind Sie eigentlich ganz besonders achtsam!

12 Es kommen sehen, bevor es schiefgeht

Mit vielen Dingen, die aus dem Ruder zu laufen drohen, tun wir uns umso leichter, je früher wir sie bemerken – sei es eine Erkältung, ein Aufbegehren oder die nahende Übermüdungsschwelle bei einem kleinen Kind. Mit Stressreaktionen und dem überzogenen Verhalten, das sie bei uns auslösen können, ist es nicht anders. Da die Symptome einer Stressreaktion (unter anderem Ärger und Angst) durch vermehrte Ausschüttung von Stresshormonen ausgelöst werden, fallen sie umso weniger heftig aus, je früher es gelingt, den »Hahn« wieder zuzudrehen.

Wenn wir bei der Metapher »aus dem Ruder laufen« bleiben, werden wir unser »Schiff« umso schneller wieder auf Kurs bringen, je früher wir die Abweichung bemerken und gegensteuern. Und es handelt sich ja im Zusammenhang mit der Achtsam-

keit um Kursabweichungen, die aus nichts Gewichti-
gerem als einem schlichten Gedanken bestehen.

Gedanken als geistige Objekte

Den Umgang mit physischen Objekten sind wir ge-
wohnt. Sie nehmen dieses Buch zur Hand, Sie schlagen es auf oder klappen es zu, Sie lesen es oder stellen es ins Regal, bis Sie es wieder brauchen.

In Kapitel 6 haben Sie sich mit dem Begriff des
»Sackgassengedankens« vertraut gemacht und sich
einen überlegt, mit dem Sie arbeiten möchten. In
Kapitel 7 (Übung 17 bis 19) haben Sie sich anhand
verschiedener Strategien mit diesem Sackgassengedanken befasst. Sie haben sich mit einer Übung des
Schrittezählens von ihm abgelenkt. Sie haben Ihre
Aufmerksamkeit von diesem Gedanken auf Ihren
Atem verlagert. Und Sie haben Ihre Aufmerksamkeit
auf Ihren Atem *und* den Sackgassengedanken aufge-
teilt, um Ihre Empfindlichkeit gegenüber diesem Gedanken und seinen Auswirkungen herabzusetzen.
So wurde der Gedanke ähnlich wie dieses Buch zu
einem Gegenstand, den Sie so oder so betrachten
und mit dem Sie auf diese oder jene Weise umgehen
können – alles mit dem Ziel, seinen Einfluss auf Ihren Stresshormonspiegel, Ihre Gefühle und Ihr Handeln zu minimieren. Und vielleicht sind Ihnen im

vorigen Kapitel ein paar urteilende Gedanken aufgefallen, denen Sie diese Behandlung auch angedeihen lassen möchten.

Man ist, was man denkt?

Sicher kennen Sie den Spruch »Man ist, was man isst«. Aber ist der Mensch auch, was er denkt? Vielleicht, aber dann lediglich in dem Maße, in dem er sich von seinen Gedanken beherrschen lässt. Allerdings lassen wir das leider häufig geschehen, und da darf ich mir durchaus an die eigene Nase fassen. Wir stehen hier vor der vermutlich zentralen Frage der Achtsamkeit.

Solange wir noch nicht auf den Weg der Achtsamkeit gefunden haben, kann der bloße Gedanke an einen nervtötenden Menschen oder eine ärgerliche Situation augenblicklich eine Ärger- oder Angstreaktion auslösen, wenn nicht sogar beides zugleich. Es ist aber möglich, solch einen Gedanken und die von ihm ausgelösten Stresssymptome rechtzeitig zu bemerken, unsere Aufmerksamkeit gezielt auf den Atem zu richten und die Stressreaktion damit noch abzufangen. Das haben wir bereits mit unserem Sackgassengedanken geübt. Und wie ging das vor sich? Wir haben den problematischen Gedanken frühzeitig identifiziert. Es ist möglich und ratsam, sich Typen von Situationen und Gedanken zu vergegenwärtigen, die gern Stressreaktionen auslösen. Dann sind wir darauf eingestellt und können rechtzeitig aktiv werden.

Einen Schritt weiter: die Achtsamkeit gegenüber Gedanken

Mit unserer Aufmerksamkeit bei Gedanken und Gedankengängen zu bleiben verlangt uns etwas mehr ab als die bloße Konzentration auf den Atem oder das Gehen. Hier müssen wir nicht mehr lediglich das Ein und Aus der Atemzüge benennen oder unsere Schritte zählen, sondern wir müssen erfassen, was das für Gedanken sind, die sich da in unserem Kopf tummeln.

Wir gewinnen Einfluss auf unsere innere Landschaft, wenn wir sie so genau zu betrachten lernen, wie wir die äußeren Gegebenheiten unseres Lebens betrachten. Dazu müssen wir allerdings schon durch fleißiges Training mit den einfacheren Übungen unsere mentale Muskulatur aufgebaut haben, und wir müssen ermittelt haben, welche Gedanken unter welchen Umständen häufig bei uns auftreten und Stressreaktionen auslösen.

Dann haben wir die Wahl, einem solchen Gedanken Beachtung zu schenken oder uns von ihm abzuwenden. Zum Beispiel, wenn der Bus Verspätung hat. Vielleicht haben wir uns davon bisher in einen Strudel negativer Gedanken ziehen lassen: »Meine Freunde werden sauer sein. Es bringt unseren ganzen Plan durcheinander. Dieser blöde Bus! Weshalb bin ich Depp auch nicht früher aus dem Haus gegangen?« Inzwischen haben wir aber Vorkommnisse dieser Art als typische Stressauslöser erkannt und auch bereits geübt, solche Selbstgespräche als Sackgassengedanken zu behandeln, den wir kommen sehen und unterlaufen, bevor unser Schiffchen aus dem Ruder läuft.

Typische negative Gedanken und Vorkommnisse auflisten

Es empfiehlt sich, unsere häufigsten negativen Gedanken samt ihren typischen Auslösern zu notieren, damit wir schon mal üben können, wie sich die von solchen Gedanken zuverlässig ausgelösten Stressreaktionen abfangen lassen. Tragen Sie unter den nachfolgend genannten Hauptkategorien erst einmal nur ein, zwei Beispiele ein – in dem Wissen, dass Sie die Liste jederzeit nach Bedarf erweitern können. Hier also ein paar Typen von Auslösern, mit denen viele Menschen ihre liebe Mühe haben. Vielleicht fallen Ihnen ja noch ganz persönliche »Spezialitäten« ein, die Sie ebenfalls aufführen möchten.

Typische Sackgassengedanken

Das sind, wie Sie sich erinnern, Gedanken, die zu überhaupt nichts nütze sind. Sie können chronischer Natur (Übergewicht, Unordnung im Büro) oder durch bestimmte Situationen bedingt sein (beispielsweise Essensgedanken bei der Arbeit oder Arbeitsgedanken bei einem Familienfest).

Achten Sie unbedingt auf Gedanken, die mit unangenehmen Gefühlen wie Ärger, Rachegelüsten, Schuldzuweisungen und Kränkung durch mangelnde Wertschätzung verbunden sind. Und sehen Sie sich jeden Gedanken wirklich genau an, bevor Sie ihn als Sackgassengedanken einstufen: Woher kommt er? Wann und durch was wird er ausgelöst? Was bedeutet er Ihnen?

Angenehme Gedanken und Tagträume

Auch angenehme Gedanken können Sackgassen sein. Ich habe früher ziemlich viel Zeit in unrealistische Fantasien gesteckt, in denen sich Filmschönheiten in mich verliebten und mir auch schon mal ein Nobelpreis angetragen wurde. Das ist nicht ohne Unterhaltungswert, aber mehr habe ich schließlich doch von der Frage profitiert, weshalb ich solche Fantasien brauchte; und noch mehr von der Versorgung dieser notleidenden Eckchen meiner Seele unter Einsatz von mentaler Muskulatur und Mitgefühl. Je weniger ich solche Gedanken brauche, desto mehr Zeit bleibt mir für gehaltvollere Gedanken und geistige Exkursionen.

Nützliche und unnütze Vorausplanungen

Auch Gedanken der Zukunftsplanung können Sackgassen sein. Natürlich müssen Sie sich überlegen, mit was für Holz Sie den geplanten Tisch bauen werden, aber während des Frühstücks mit Ihren Kindern wäre das ein völlig unnützer Gedanke. Sicher müssen Sie sich auch überlegen, wie viel Sie für den Gebrauchtwagen ausgeben können, den Sie sich am Montag ansehen werden, aber wenn Sie sich die Summe einmal überlegt haben, bekommt weiteres Herumdenken an dieser Sache etwas Zwanghaftes, etwas von einer Sackgasse.

Nicht alle negativen Gedanken sind Sackgassen

Es gibt unangenehme Gedanken, denen man sich widmen muss, sonst würde man der Realität ausweichen. Da hilft es dann, wenn man einen Begriff oder Satz zur Hand hat, mit dem man diesen Gedanken *zurückstellen* kann, wenn er sich bei unpassender Gelegenheit aufdrängt. Angenommen, Ihr Job hängt Ihnen zum Hals heraus und Sie suchen einen neuen. Wenn Sie jetzt mit Ihren Kindern am Strand Sandburgen bauen, und auf einmal ist der Gedanke da: »Oh, wie ich diesen Job hasse!«, könnten Sie gleich ein vorbereitetes kleines Selbstgespräch anschließen: »Mein Job ist wirklich furchtbar. Ich werde mir einen anderen suchen, aber im Moment bringt es nichts, darüber nachzudenken.« Setzen Sie danach Ihre mentalen Muskeln ein, um Ihre Aufmerksamkeit auf eine kurze Atemmeditation zu fokussieren und sich dann wieder Ihren Kindern und dem Spiel am Strand zuzuwenden. Damit verschließen Sie die Augen nicht vor der Realität, denn zur rechten Zeit und am richtigen Ort werden Sie ja mit vollem Einsatz Ihre Jobsuche verfolgen.

Nehmen Sie solche Gedanken also wahr, aber bereiten Sie auch geeignete Selbstgespräch-Erwiderungen vor, die dem Gedanken, wenn er an unpassender Stelle auftaucht, sein Stresspotenzial nehmen.

Schwierige Vorkommnisse und Menschen

Notieren Sie sich ein paar schwierige Situationen und Menschen, zum Beispiel eine Besprechung in der Buchhaltung und ein Telefonat mit Ihrer Schwiegermutter. Hier können Sie dann Übung 26 in Kapitel 9 einsetzen, um Ihre Empfindlichkeit gegenüber solchen Situationen und Personen herabzusetzen. Machen Sie zunächst eine Meditation Ihrer Wahl, um dann eine Visualisation der bevorstehenden Unannehmlichkeit einzublenden und Ihre Aufmerksamkeit schließlich auf beide Seiten – das Ereignis selbst und die Meditation – aufzuteilen. Wenn es für Sie einfacher ist, können Sie Ihre Aufmerksamkeit auch abwechselnd den beiden Seiten zuwenden: Sie denken an das schwierige Ereignis, dann konzentrieren Sie sich mittels Ihrer mentalen Muskelkraft auf den Atem, dann wieder auf das Ereignis und so weiter. Wenn der Ernstfall dann eintritt, werden Ihnen diese Wechsel leichter fallen.

Namen vergeben

Wenn Sie Ihre Liste von Gedanken aufgestellt haben, könnte es sinnvoll sein, den besonders hartnäckig wiederkehrenden eigene Namen zu geben. Wenn Sie oft an Ihren Chef denken, ist das der »Chefgedanke«; oder Sie setzen sogar den Namen Ihres Chefs ein. Wenn Sie zwanghaft mit Gedanken an eine bevorstehende Reise beschäftigt sind, können Sie das die »Reiseplanungsbesessenheitsgedanken« nennen.

Übung 34: Gedanken benennen

Das ist keine eigenständige Meditation, sondern ein Element, um das Sie jede Ihrer bevorzugten Meditationsübungen erweitern können. Sie lernen dabei, Gedanken als Objekte zu betrachten, die man wie jedes äußere Ding »handhaben« kann.

1. Bei Ihren Meditationen kommen manchmal ablenkende Gedanken auf.

2. Normalerweise gebe ich für diesen Fall den Rat, zum eigentlichen Gegenstand der Meditation zurückzukehren, sobald Sie bemerken, dass sich ein Gedanke eingeschlichen hat.

3. Bei dieser Variante geben Sie dem Gedanken einfach einen aussagekräftigen Namen: »Notwendige-Dachreparatur-Gedanke«, »Jahresberichtgedanke«, »Nicht-genug-Geld-Gedanke« und so weiter. Vielleicht haben Sie beim Aufstellen Ihrer Liste bereits

solche Namen vergeben. Falls nicht, erfinden Sie einfach spontan einen und kehren
zu Ihrer Meditation zurück.

Es liegt jetzt bei Ihnen

In den folgenden Kapiteln wird es um einige der höheren Formen der Achtsamkeit gehen, um Themen
wie Mitgefühl, Präsenz und Nondualität. Es sind
Dinge, über die Sie sich ein paar Gedanken machen
sollten, wenn Sie ernsthaft in das Studium der Achtsamkeit eintreten möchten. Wir sind jetzt an der
Stelle, an der Sie für sich entscheiden müssen, wie
Sie das Buch weiterhin benutzen möchten: zur Fein-
abstimmung des bisher Gelernten, um es für ganz
bestimmte Lebenssituationen abzuwandeln, oder
darüber hinaus mit dem Gedanken, zugleich auch
tiefere Ebenen der Achtsamkeit zu erkunden.

Es ist so: Die einfacheren Bausteine der Achtsamkeit – Training der mentalen Muskeln, Umgehung
von Sackgassengedanken, Verkürzung der Stressreaktion, Abbau der Empfindlichkeit gegenüber
schwierigen Menschen und Situationen – sind wunderbare Mittel, die, gewissenhaft geübt, Ihr Leben
entscheidend verbessern können. Aber es handelt

sich eher um die *Mittel* für ein achtsames Leben und noch nicht um das eigentliche Ziel. Sie sind die Gymnastik, das Lauftraining, das Schlagtraining, die zusammen mit Mannschaftsgeist und echtem Sinn für den Geist des Spiels einen echten Baseballspieler herausbilden. Sie sind die Tonleitern und Intonationsübungen, ohne die niemand ein Berufsmusiker wird.

Damit will ich aber nicht sagen, dass Sie tiefer in das achtsame Leben einsteigen müssen, als es mit den Mitteln möglich ist, die ich Ihnen bisher nahegebracht habe. Wenn es Ihnen vor allem um Meditationen und Strategien geht, die Ihnen in den Situationen des Alltags Hilfe bieten – zu Hause, am Arbeitsplatz, beim Einstellungsgespräch, beim Autofahren, Fliegen, Tanzen oder während Sie in der Warteschleife eines Callcenters angedudelt werden –, dann nehmen Sie sich bitte die Freiheit, und das meine ich ganz ehrlich, gleich zu Kapitel 18 zu springen. Arbeiten Sie am Feinschliff der Grundtechniken, bauen Sie Ihre mentale Muskulatur weiter auf, das erleichtert Ihnen auf jeden Fall den Zugang zu den subtileren Formen der Achtsamkeit, wenn Sie sich irgendwann doch einmal damit beschäftigen möchten. Und um es zu wiederholen: Sogar eine einzige simple Meditation, die Sie beharrlich einüben und wiederholen, bis sie Ihnen wirklich in jeder Situation sofort zur Verfügung steht, baut Ihre mentale

Muskulatur auf und bietet Ihnen ein ungemein wirksames Mittel des Stressabbaus. Wenn das der ganze Nutzen ist, den Sie aus diesem Buch ziehen, ist mir schon das eine große Freude und Ehre.

Sollten Sie aber sehen wollen, wohin das alles letztlich zielt, dann lesen Sie einfach weiter. Manches, das will ich Ihnen jetzt schon sagen, erwartet Sie da, was nicht das reine Vergnügen und zudem schwer verständlich ist. Wirklich, ich beschäftige mich seit Jahrzehnten damit und verstehe vieles immer noch nicht. Aber es gehört alles zur Schulung der Achtsamkeit und ist ein lebenslanges Studium (wenn nicht sogar, wie es manche Traditionen überliefern, das Studium vieler Leben).

Zusammenfassung

- In Kapitel 6 haben Sie mindestens einen Ihrer Sackgassengedanken identifiziert und in Kapitel 7 damit gearbeitet. Sie haben gelernt, einen Gedanken wie ein Objekt unter anderen zu behandeln – wie ein Butterbrot oder Buch, das Sie in der Hand halten oder nicht und betrachten können oder eben nicht.

- Gedanken sind nichts anderes als mentale Objekte. Solange sie keine Stressreaktion auslösen, können sie Ihnen nicht wirklich etwas anhaben. Deshalb ist es so wichtig, Stressreaktionen abfangen zu können.

- Es kann nützlich sein, schwierige Gedanken und Vorkommnisse, die mit einer gewissen Wahrscheinlichkeit auftreten werden, zu notieren. So können Sie vorbeugend eine Reaktion oder ein Vorgehen einüben, um den Ernstfall besser zu bewältigen. Sei es eine ärgerliche Reifenpanne (vorausgesetzt, Sie sind mit Reserverad, Wagenheber und Radmutterschlüssel ausgerüstet) oder ein negativer Gedanke, Sie können Ihre Aufmerksamkeit dem Atem zuwenden oder sich mit einer vorbereiteten Antwort aus einem beginnenden Selbstgespräch lösen oder beides tun.

- Sie können sich auch mit den Visualisationen und Desensibilisierungsübungen aus Kapitel 9 auf negative Gedanken und Ereignisse aus Ihrer Liste vorbereiten. Flechten Sie das immer wieder in die vielen kurzen Übungsperioden ein, die Sie *jeden* Tag machen sollten.

- Manchmal üben Sie einfach, um Ihre mentalen Muskeln zu trainieren, und manchmal – besonders in Zeiten mit hohem Stresspegel und vielen Stressgedanken – können die Übungen der Ver-

ringerung Ihrer Empfindlichkeit und der Vorbereitung dienen.

- Am Ende dieses Kapitels stehen Sie vor einer
  Wahl. Sie können sich weiterhin für ganz bestimmte Zwecke – am Computer, am Telefon,
  beim Baden, beim Tanzen – mit den Meditationsübungen beschäftigen und jetzt gleich zu Kapitel 18 springen. Oder Sie schließen das nächste
  Kapitel an und beschäftigen sich mit den tieferen, manchmal auch dunkleren Seiten der Achtsamkeit – Mitgefühl, Schmerz, Trauer und Nondualität beispielsweise. Ich bin mit beidem
  völlig einverstanden.

13 Mitgefühl, Schmerz und Trauer

Das Wort »Mitgefühl« bedeutet genau das: mit jemandem fühlen. Mitleid ist etwas anderes, denn dabei mache ich das Leid eines anderen Lebewesens, das ich als von mir getrennt erfahre, zu meinem eigenen. Im Mitgefühl dagegen verstehen wir zuinnerst, dass alle Lebewesen Schmerz erfahren. Wir sehen, dass andere Menschen ein Innenleben und Gefühle haben wie wir – Sie sind nicht Objekte, die entweder unseren Zwecken dienen oder nicht.

Auch mit Selbstmitleid hat echtes Mitfühlen natürlich nichts zu tun, denn da dreht sich alles nur um unsere eigenen Schmerzen. Sicher kennen wir alle jemanden, der oder die sich zwar selbst nach Kräften leidtut, aber nicht viel für die Leiden anderer übrig hat.

Es gibt gute Gründe, in unserem Achtsamkeitsprogramm auch das Mitgefühl zu berücksichtigen. Zunächst ist es wichtig, die Möglichkeit des Mitgefühls mit uns selbst (nicht des Selbstmitleids) überhaupt erst zu entdecken und es uns dann auch selbst zu schenken, wenn wir es brauchen. Viele von uns, und zu denen habe ich auch gehört, haben dieses Mitgefühl selten oder nie erfahren. Wenn wir uns selbst mitfühlend betrachten, urteilen wir nicht mehr so schnell über uns, ergeben uns nicht so leicht negativen Selbstgesprächen und haben eine Möglichkeit, bei Kummer und Schmerzen Trost in uns selbst zu finden. Und wenn sich Mitgefühl und Achtsamkeit verbinden, vertiefen und verstärken sie sich gegenseitig – ein Synergieeffekt, der von nichts übertroffen wird. Mehr dazu im nächsten Kapitel.

Die Geschichte des Mitgefühls

Die Wurzeln des Mitgefühls dürften in unserer evolutionären Vergangenheit liegen, bei all den mit der Zeit immer komplexer werdenden Organismen, die für ihre unmittelbaren Nachkommen Überlebensstrategien entwickeln mussten. Manche gingen den Weg der Seeigel und produzierten Unmengen von Eizellen, von denen manche, wenn alles gutging, befruchtet wurden und sich ohne elterlichen Beistand weiterentwickeln konnten. Andere, wie wir Menschen, bringen vergleichsweise wenige Eizellen und Nachkommen hervor, die von den Eltern sehr lange behütet und versorgt werden. Ich denke, wir verdanken der Entwicklungsgeschichte, die diesen Hege-Instinkt hervorgebracht hat, die Fähigkeit, Mitgefühl zu empfinden.

Es scheint sogar in uns angelegt zu sein, bestimmte Dinge als »süß« oder »niedlich« zu empfinden und mit einer Art herzlichem, mitfühlendem Beschützerimpuls zu reagieren. Säuglinge und kleine pelzige Vierbeiner mit großen Augen lösen sehr zuverlässig ein »Oooh, wie süß!« aus – auch wenn manche meinen, solche Reaktionen nicht zeigen zu dürfen (vielleicht weil sie »cool« sein müssen oder weil schmerzliche alte Gefühle in ihnen hochkommen könnten).

Ich würde diese Form des Mitgefühls als liebevoll bezeichnen, aber es gibt auch die Kummervariante, die etwas Bittersüßes oder Herzzerreißendes haben kann. Wir werden darauf weiter unten zurückkommen.

Fangen wir mit einer Übung an, die uns die Empfindung des »liebenden Mitgefühls« vermitteln kann.

Übung 35: Liebevolles Mitgefühl wecken

1. Machen Sie ein paar Augenblicke lang irgendeine Atemübung im Sitzen.

2. Sobald Sie entspannt sind, rufen Sie sich einen geliebten Menschen in Erinnerung oder ein Haustier, das Sie einmal besessen haben. Vielen fällt diese Übung mit einem Tier, zum Beispiel aus der Kindheit, leichter, weil unsere Gefühle gegenüber Menschen eher gemischter Natur sind.

3. Visualisieren Sie das Tier (oder den Menschen) und stellen Sie sich vor, dass Sie es streicheln (oder die Person umarmen).

4. Das hat bei vielen etwas Herzliches und Entspannendes. Die Schultern lockern sich etwas, vielleicht seufzen wir. Das sind verbreitete körperliche Begleiterscheinungen des Mitgefühls.

Sollten Sie die Reaktion auf diesem Wege nicht auslösen können, suchen Sie doch einmal im Internet nach Bildern oder Videos von niedlichen Katzenjungen oder Hundewelpen (diese beiden Suchbegriffe liefern große Mengen Material) – sicher ist etwas dabei, wo Sie einfach »Ooooh« machen müssen. Das ist die Reaktion des liebevollen Mitgefühls.

Es kann sein, dass es Ihnen trotzdem noch schwerfällt, diese Reaktion in sich auszulösen – ein warmes, lösendes und frohes Gefühl, mit dem geliebten Menschen oder Tier zusammen zu sein. Vor allem Angst und Ärger können diese Reaktion blockieren, deshalb sollten Sie sich jetzt intensiv mit einer Atemmeditation befassen, die Ihre mentale Muskulatur soweit aufbaut, dass Sie Ärger oder Angst schließlich daran hindern können, sich einzumischen. Nach ein paar Wochen oder Monaten wenden Sie sich dann wieder dieser Übung zu und bedienen sich einer bildhaften Vorstellung, der Sie am ehesten zutrauen, dass sie dieses herzliche, zugewandte und fürsorgliche Gefühl gegenüber einem anderen Lebewesen auslöst. Oder Sie probieren es mit den Übungen für Mitgefühl in Steven Levines *Wege durch den Tod* beziehungsweise in dem von mir und meiner lieben Schwester Nina Feldman verfassten Buch *Meditieren in drei Minuten* (aus dem ich die folgende Übung in abgewandelter Form übernehme).

Übung 36: Mitgefühl mit sich selbst

Wenn Sie mit der vorigen Übung das angestrebte Ziel erreicht und die Empfindung des Mitgefühls ausgelöst haben, versuchen Sie sich jetzt an dieser Übung. Falls nicht, kehren Sie behutsam und ohne Urteil zu Übung 35 zurück, lesen Sie die Anleitung noch einmal, und machen Sie einen weiteren Versuch.

1. Visualisieren Sie sich selbst als Kind, als Kleinkind oder Vorschulkind.

2. Stellen Sie sich vor, dass Sie dieses Kind jetzt liebevoll, mitfühlend und gänzlich urteilsfrei halten.

3. Tun Sie das auch ganz buchstäblich, legen Sie Ihre Arme um sich, fühlen Sie sich als dieses Kind, das Liebe und Mitgefühl braucht.

Haben Sie die Wärme und Gelöstheit des liebenden Mitfühlens gespürt? Falls nicht, beschäftigen Sie sich bitte noch weiter mit Übung 35. So traurig es klingt, oft können wir eher anderen Mitgefühl schenken als uns selbst.

In einem weiteren Schritt können Sie an Ihrer Stelle ein Familienmitglied oder einen Freund einsetzen. Das sollte zunächst jemand sein, mit dem Sie nicht allzu viele unerfreuliche Geschichten verbinden, jemand, den Sie besonders mögen. Irgendwann können Sie die Übung auch mit schwierigen Eltern, Kindern und anderen Personen machen, zu denen Sie eine problematische Beziehung haben. Denken Sie aber daran, dass Mitgefühl nicht unbedingt bedeutet, dass Sie gutheißen, was ein anderer tut. Es bedeutet einfach, dass Sie Verständnis haben und vielleicht verzeihen.

Wachsendes Mitgefühl gegenüber sich selbst und anderen wird Ihnen schließlich erlauben, auch mit Schmerzen aller Art leichter zurechtzukommen – nicht unbedingt leicht, aber eben leichter. Wenn wir mitfühlen, gehen wir achtsamer und zweckmäßiger mit seelischen und körperlichen Schmerzen um.

Körperlicher Schmerz

Den Schmerz hat die Natur »erfunden«, damit wir immer sofort aufmerksam werden, wenn etwas ganz und gar nicht stimmt. Ohne Schmerz würden wir viel zu spät merken, dass wir gerade aufgefressen werden. Schmerz ist ein wichtiger Indikator, Schmerz gehört zum Leben, Schmerz ist unvermeidlich.

Schmerz ist ein typischer Auslöser für Angst oder Ärger und damit von Flucht-Abwehr-Reaktionen.

Das kann so schnell gehen, dass wir die Übergänge kaum noch wahrnehmen: Wir stoßen uns den Zeh an und beißen stöhnend die Zähne zusammen oder fluchen laut. Wir können aber durchaus üben, solche Reaktionen abzufangen, zumindest teilweise, zumindest manchmal.

Übung 37: Schmerzmeditation

1. Denken Sie an kleine Schmerzerlebnisse wie einen angestoßenen Zeh oder Ellbogen.

2. Visualisieren Sie solch ein Vorkommnis, und stellen Sie sich vor, dass Sie Ihre Aufmerksamkeit dann augenblicklich einer kurzen Atemmeditation zuwenden.

3. Wiederholen Sie diese beiden Schritte mit allerlei denkbaren kleinen Schmerzerlebnissen, jedes Mal ungefähr eine halbe Minute lang.

Die meisten erleben das so, dass sich die Schmerzqualität ändert, wenn Sie Ihre Aufmerksamkeit sofort auf den Atem verlagern. Dadurch bleibt unserem Denken kein Platz für überflüssige Storys wie »Weshalb lassen diese kleinen Mistkerle ihr Spielzeug überall liegen?« oder »Wieso kann ich einfach nicht aufpassen?«. Vielmehr bleibt der Schmerz dann einfach, was er ist: eine kurzzeitige körperliche Empfindung. »In den Schmerz hineinatmen« könnten wir diese Technik nennen. Wenn ich sie anwende, stelle ich mir beim Benennen der Atemzüge manchmal vor, dass ich den Atem direkt an die schmerzende Stelle leite. Der Schmerz bleibt dann »einfach Schmerz«, er tut »einfach nur weh« – eine körperliche Erscheinung, an der ich darüber hinaus nicht auch noch leide.

Der Unterschied zwischen Schmerz und Leid

Aus Schmerz wird nur dann Leid, wenn wir Geschichten dazu erzählen, die eine Flucht-Abwehr-Reaktion und damit Angst oder Ärger auslösen. Beim Menschen geht das soweit, dass für Leid nicht einmal körperlicher Schmerz vorhanden sein muss. Das Leiden kann ein rein seelisches Phänomen sein, ein inneres Unbehagen, ausgelöst durch irgendeine Erzählung, die eine Flucht-Abwehr-Reaktion und folglich Angst oder Ärger auslöst.

Zum Glück können wir unsere Beziehung zu Schmerzen jeder Art mit der Zeit zu unseren Gunsten ändern. Dazu müssen wir den Schmerz erkennen, ob es sich um einen eingetretenen Dorn handelt oder wir von oben herab behandelt werden, und sofort eine Atemmeditation einschalten, mit der wir die einsetzende Flucht-Abwehr-Reaktion gleich unterlaufen.

Wiederholen Sie jetzt Übung 37, diesmal jedoch nicht mit einem geringfügigen körperlichen Schmerz, sondern mit dem Auslöser für einen kleinen seelischen Schmerz – der Freund, der sich zum verabredeten Mittagessen verspätet, oder eine Besorgung, zu der Sie keine Lust haben, irgendeine Kleinigkeit, die Sie veranlasst, eine leicht negative Geschichte zu spinnen.

Hier lässt sich auch das freundliche Mitgefühl mit uns selbst einflechten (Übung 36; Voraussetzung ist allerdings, dass wir das Gefühl kennengelernt haben und zumindest manchmal willentlich hervorbringen können). Eine weiterentwickelte Form von Übung 37 besteht darin, dass wir nach dem zweiten Schritt einen Augenblick des Mitgefühls mit uns selbst einflechten. Wir atmen also in unseren körperlichen oder seelischen Schmerz hinein und wenden unser Mitgefühl dann uns selbst zu. Diese Ergänzungen sind vielleicht auch bei anderen Übungen nützlich, die seelische Schmerzen auf den Plan rufen können, etwa wenn wir unseren Hang zur Selbstverurteilung erforschen oder uns (wie in Kapitel 12) mit schwierigen Gedanken und Situationen befassen, die unser Schiffchen gern »aus dem Ruder laufen« lassen.

Wenn wir bei Schmerzen körperlicher oder seelischer Art mit der Aufmerksamkeit, so gut es geht, beim Atem bleiben, um Stressreaktionen klein zu halten, können wir unsere Leiden lindern, insbesondere wenn wir zusätzlich auch noch Mitgefühl mit uns selbst haben. Das ist eine, was unsere großen Leiden angeht, äußerst schwierige Praxis, aber sie beginnt ganz einfach: Wir üben an den kleinen Schmerzen des täglichen Lebens, und wir fangen *jetzt* damit an.

Mitgefühl und Selbsttröstung

Bei Schmerzen und Ängsten, vielleicht auch bei Ärger, versuchen wir uns manchmal selbst zu trösten. Mitunter sehen diese Tröstungsversuche allerdings eher so aus, als würden wir uns etwas »verordnen«, etwa ein übertriebenes Fitnessprogramm, eine extreme Diät, wenn wir uns nur noch auf eine bestimmte Sportmannschaft oder ein Hobby konzentrieren oder sogar zu Alkohol und Drogen greifen. Kapitel 20 ist diesem Thema gewidmet; hier möchte ich nur erwähnen, dass Mitgefühl von entscheidender Bedeutung für den gesunden Umgang mit positivem oder negativem Selbsttröstungsverhalten ist.

Kummer und Trauer

Kummer oder Trauer ist der Schmerz, das Leid, das wir empfinden, wenn wir etwas oder jemanden verlieren, das oder der uns lieb und wert war. Diese Definition ist klar und einfach und verrät noch nicht viel von der Tiefe und Vielschichtigkeit dieser Thematik.

Vor vielen Jahren, als ich gerade erst mit dem Begriff des Sackgassengedankens zu arbeiten begann, stellte mir eine Schülerin eine wichtige Frage: »Sind Kummer und Trauer Sackgassengedanken?« Die Antwort kann nur lauten: »Es kommt darauf an« – darauf nämlich, was hinter dem Kummer steht und welche Form er annimmt. Wenn sich jemand beispielsweise über den Verlust seines Jobs grämt, ist das vielleicht weniger Kummer als vielmehr eine komplexe Stressreaktion, die aus Angst vor der Arbeitslosigkeit, Ärger über die Kündigung und der in unserer Gesellschaft begründeten Sorge um den Gesichtsverlust zusammengesetzt sein kann. Solche für eine gewisse Zeit sicher angemessenen, natürlichen und wohl unvermeidlichen Gefühlsregungen verhindern jedoch eher, dass wir wieder Tritt fassen, wenn sie uns überwältigen und zu lange beherrschen. Auch beim Verlust eines geliebten Menschen können Regungen wie Zorn und Angst die eigentliche Trauer – die Traurigkeit über den Verlust – verschlimmern und in die Länge ziehen, und dann ist es eine gute Sache, wenn wir diese zusätzlichen Emotionen mit viel Geduld und Mitgefühl ans Licht holen.

Trauer kann sich auch unbemerkt ansammeln. Es kommt beispielsweise vor, dass ein relativ kleiner Verlust einen unverhältnismäßig tief erscheinenden Kummer auslöst. Da kann es aber sein, dass dieser kleine Verlust andere Verluste in unserem Leben wieder aufleben lässt, auf die seinerzeit nicht die Trauerarbeit folgte oder folgen konnte, die uns zu einem Abschluss geführt hätte. Das langsame, achtsame Abtragen des Kummers, das uns irgendwann eine Rückkehr in die Normalität erlaubt, unterblieb.

Trauerarbeit

Ich bin kein Experte für Trauerarbeit, und das Thema ist sicher nicht in ein paar Absätzen zu behandeln, sondern verlangt eher ein ganzes Buch, wenn nicht ein Regal voller Bücher. Aber aus meiner Tätigkeit im Hospiz, aus der Arbeit großer Lehrer wie Stephen und Ondrea Levine und aus meinen eigenen fünftägigen Workshops (wie zum Beispiel »Zen und die Kunst der Mundharmonika: mit Leben, Tod, Trauer, Verlust und Lust und allem Drum und Dran spielen«) habe ich Strategien abgeleitet, die den Menschen helfen, mit tiefen und starken emotionalen Reaktionen auf schmerzliche und schwierige Umstände fertigzuwerden.

Wie ich vielfach sehen konnte, hilft uns die Kombination von Atemmeditationen (zur Reduzierung von Stressreaktionen), Mitgefühlmeditation (zur Überwindung der Traurigkeit bei Verlusten), achtsamer Kenntnisnahme aller aufkommenden Gedanken und viel Geduld bei der Überwindung unserer Trauer. Sehr wertvoll sind auch der Rückhalt durch Freunde, die Begleitung durch einen in Trauerberatung erfahrenen Therapeuten und im Falle von tödlich verlaufenden Krankheiten die Hospizarbeit.

Beim Umgang mit Trauer kann es nach meiner Erfahrung sehr hilfreich sein, sich zeitweilig einfach die Trauer erleben zu lassen und dann wieder mit Atemmeditationen dafür zu sorgen, dass wir unser Denken zumindest vorübergehend aus dem Trauerprozess »heraushalten«. So sorgen wir für eine kurze Erholungspause vom Schmerz der Trauer. In den späteren Stadien der Trauer kann es auch hilfreich sein, uns klarzumachen und nachzufühlen, dass Trauer und Verlust allgegenwärtig sind.

Beim Mitgefühl ist es aus meiner Sicht so, dass die meisten von uns bestimmte äußere Bildwerke oder innere Bildvorstellungen als »erschütternd« oder »ergreifend« empfinden und dann eine mitfühlende Traurigkeit erleben. So ist es beispielsweise im christlichen Bereich mit der Pietà, der Darstellung Marias als Mater Dolorosa mit dem Leichnam ihres gekreuzigten Sohnes auf dem Schoß; die Pietà löst bei den meisten von uns, ob wir uns einer Religion zugehörig fühlen oder nicht, ein Seufzen und einen seelischen Schmerz aus. Dieses Mitgefühl in der Trauer, zusammen mit der Erkenntnis, dass kein Lebender von Trauer verschont bleibt, hilft uns bei der Verarbeitung dieser Schmerzen.

Hier möchte ich noch einmal auf Stephen Levines *Wege durch den Tod* verweisen, das ich für das derzeit beste Buch über Trauer und Leid halte.

Unvollkommene Meditation

Wenn etwas schiefgeht, ist unser Umgang damit nicht immer sehr schlau. Vor nicht langer Zeit habe ich eine unerquickliche Nacht auf dem Flughafen von Washington, D.C. verbracht, statt wie gehofft daheim in Vermont in meinem Bett zu schlummern. Ich war teilweise selbst schuld, ich hatte einen allzu späten Heimflug gebucht, und das nagte an mir, ganz abgesehen davon, dass ich nach einer Reihe von Präsentationen hundemüde war.

»Meditation?«, dachte ich. »So ein Quatsch, ich bin stinksauer!« Aber tief im Inneren wusste ich natürlich auch, dass ich diese Nacht nur mit Meditation einigermaßen überstehen würde. Wenn Dinge dieser Größenordnung passieren, furchtbar ärgerlich und auch langwierig, aber nicht lebensbedrohend, versuche ich es mit der Aufteilung meiner Aufmerksamkeit – aber nicht allein zwischen meinem Atem und der Situation, sondern tiefer beziehungsweise auf mehreren Ebenen.

In dieser Nacht sah meine Aufteilung so aus: Ein Teil meiner Aufmerksamkeit galt dem Ärger über die Fluglinie, ein anderer Teil galt mir selbst, weil ich schlecht geplant hatte, und ganz grundsätzlich, weil ich einen Job mache, bei dem ich viel unterwegs sein muss. Der dritte Teil meiner Aufmerksamkeit floss in den Ärger über das Wetter und der vierte schließlich in meine Meditationspraxis. Ich meditierte eine Zeitlang. Dann war ich ein Weilchen wütend. Dann fiel mir auf, dass ich haderte und jammerte, und ich kehrte zu meiner Meditation zurück. (Letzteres entspricht dem Verlieren des Fadens bei der Übung des Atmens und Zählens; irgendwann fällt es mir auf, und ich kehre einfach zum Atmen und Zählen zurück. Eigentlich ist es das Gleiche, nur auf einer höheren Ebene.)

Wenn ich meinen Anschlussflug verpasse (und darüber ein paar Kraftworte verliere), kann ich mir selbst Vorhaltungen machen, weil ich nicht praktiziere, was ich predige, und an mir als Meditierendem und als Mensch einiges auszusetzen habe. Doch damit erreiche ich nichts Erstrebenswertes.

Damit übe ich mich lediglich in Selbsthass und vergeude Zeit, die mit Atemübungen und Mitgefühlmeditation besser genutzt wäre.

Zusammenfassung

- Mitgefühl ist sehr wichtig für echte Achtsamkeitspraxis. Es verbindet uns mit anderen Menschen und erlaubt uns, mit Schmerz und Kummer so umzugehen, dass wir weniger leiden.

- Mit den Übungen dieses Kapitels können Sie die Reaktion des liebevollen Mitfühlens kennenlernen – die Gefühle und Empfindungen, die wach werden, wenn wir uns in andere einfühlen und uns mit ihnen verbunden fühlen. Das gibt uns den Anstoß zu Mitgefühl auch mit uns selbst. Probieren Sie diese Übungen aus, wenn Sie sich bereit fühlen.

- Schmerz kann körperlicher oder seelischer Art sein. Wenn Sie bei kleineren Schmerzereignissen geübt haben, in den Schmerz hinein zu atmen, steht Ihnen diese Fähigkeit auch zur Verfügung, wenn es größere Schmerzen zu bewältigen gilt.

- Kummer und Trauer gehören zu den schwierigsten Seelenregungen. Sie werden mit der Zeit leichter, wenn wir uns in Geduld und Mitgefühl mit uns selbst üben und von anderen unterstützt werden. Auch wenn es gelingt, die Anzahl der von Trauergedanken ausgelösten Stressreaktionen zu reduzieren, wirkt das lindernd. Achtsamkeit bietet uns mehr echten Trost, als es Medikamente, Ablenkungen und andere kurzzeitig wirkende Mittel je könnten.

- Meditation fällt uns gerade dann besonders schwer, wenn wir sie am dringendsten brauchen. Aber alles wird nur schlimmer, wenn wir uns auch noch vorwerfen, wir meditierten nicht »ordentlich«. Wenn es mal so ist, dann lächeln Sie sich lieber mitfühlend zu, um Ihre Aufmerksamkeit anschließend gleich wieder auf Ihren Atem zu sammeln.

14 Präsent sein

»David Harp!«, ruft die Lehrerin beim Anwesen-
heitscheck. »Hier!«, rufe ich zurück. Was bedeutet
»hier«? Nun, in diesem Zusammenhang bedeutet es,
dass David im Klassenzimmer anwesend ist, und
zwar bewusst genug anwesend, um seinen Namen
zu hören und wie erwartet zu reagieren. Aber »hier«
sein, »anwesend« sein oder »präsent« sein bedeutet
noch mehr, und an diesem Punkt kann es ein wenig
abstrakt werden. Fühlen Sie sich also frei, dieses Kapitel erst einmal zu überspringen und eine Woche,
einen Monat oder ein Jahr lang unbeachtet zu lassen
und die Zeit für den Aufbau Ihrer mentalen Muskulatur zu nutzen. Wenn Sie dann auf neue Herausfor-
derungen aus sind, können Sie hierher zurückkehren.

Präsent sein, achtsam sein, im Jetzt leben

»Präsent sein« kann ungefähr gleichbedeutend mit »achtsam sein« verwendet werden. In unserem Buch *Meditieren in drei Minuten* benutzen meine Mitautorin und ich auch gern den Ausdruck »im Jetzt leben«.

Bei vielen von uns ist die Aufmerksamkeit oft in die Vergangenheit gerichtet, und wir beschäftigen uns mit angenehmen oder unangenehmen Erinnerungen. Wenn wir in der Gegenwart an Vergangenes denken, holen wir die Vergangenheit in die Gegenwart. Angenehme Erinnerungen werden Wünsche, die uns jetzt beschäftigen, und daraus werden schnell Zukunftspläne (»Der Urlaub auf den Florida Keys letztes Jahr war wirklich toll. Wäre schön, jetzt dort sein zu können. Vielleicht sollte ich mal im Internet nachsehen, was es jetzt an Flügen und Unterkünften gibt.«). Unangenehme Erinnerungen werden schnell zu Befürchtungen, mit denen wir uns jetzt plagen und die wir in eine mögliche Zukunft projizieren (»Die letzte Party bei Shaneen war schrecklich. Keiner hat mit mir geredet. Ich will da nicht wieder hin, aber wie kann ich mich rausreden, schließlich ist sie meine Chefin?«).

Es kommt auch vor, dass wir uns ohne den Umweg über Erinnerungen in der Zukunft aufhalten. Wir planen, wir versuchen etwas vorherzusehen, wir machen uns Sorgen. Unsere eigenen Voraussagen können uns sogar wütend machen (»Wenn er das zu mir sagt, platzt mir aber endgültig der Kragen!«). Zukunftsängste und vorweggenommener Ärger wirken jetzt in der Gegenwart auf uns und lösen Stressreaktionen aus.

Nur schauen, nur hören, nur sein

Wir können diese von der Vergangenheit oder Zukunft ausgehenden Stressreaktionen so stoppen, wie wir es bei anderen schon gemacht haben: durch Konzentration auf unseren Atem im Rahmen einer Meditationsübung. Wir kommen jedoch in eine noch tiefere Achtsamkeit, wenn wir bestimmte Gedanken eine Zeitlang ganz meiden, indem wir »einfach sehen« (Übung 21) oder »einfach hören« (Übung 22, beide in Kapitel 8) oder nachlesen, was in diesem Kapitel über »einfach tun« steht. Bei solchen Meditationen versuchen wir alle mentalen Vorgänge auszublenden, die nicht direkt mit der körperlichen Seite unserer Übung zu tun haben. Bei Übungen dieser Art fühlt es sich manchmal für Augenblicke so an, als wäre da »nur Lauschen« oder »nur Schauen« und kein David, der da lauscht oder schaut – der »David-Aspekt« tritt irgendwie in den Hintergrund und bleibt für den Augenblick unbeachtet.

Dieses kurzzeitige Verschwinden des Ichs ist ein kleiner Einblick in das, was nach der indischen Überlieferung *Advaita* oder »Nicht-Zweiheit«, heutzutage auch vielfach »Nondualität« genannt wird. Diese Erfahrung der Nondualität reduziert unsere Identifikation mit Körper und Geist zugunsten einer Erfahrung von Identität mit dem Universum insgesamt. Nach der *Advaita*-Lehre ist das der wahre oder natürliche Zustand des Ichs. Mit einigen meiner Schüler mache ich Meditationsübungen (sie werden im nächsten Kapitel kurz angesprochen), mit denen wir es auf einen Hauch vom Geschmack dieses Zustands anlegen. Das gilt bei vielen Kennern der Achtsamkeitspraxis als die höchste Ausprägung der Achtsamkeit, die allerdings selten erreicht wird.

Das unschlagbare Duo: Achtsamkeit und Mitgefühl

Nondualität mag die höchste Form der Achtsamkeitspraxis sein, aber aus meiner Sicht sind Achtsamkeitstechniken, mit denen wir Stressreaktionen abkürzen und Mitgefühl in uns ausbilden können, in sich selbst wertvoll und von höchstem Gebrauchswert für unser Leben.

Wenn wir aufmerksam gegenüber den Regungen von Angst und Ärger in uns werden und unsere Reaktionen auf sie unter Kontrolle haben und wenn wir außerdem noch zu tiefem Mitgefühl mit uns selbst und anderen finden, leben wir mehr in der Gegenwart als in Vergangenheit und Zukunft. Außerdem verstärken sich bewusste Wahrnehmung und Mitgefühl gegenseitig. Je mitfühlender wir werden, desto leichter fällt es uns, den eigenen Geist ohne Angst und Ärger, ohne Nichtwahrhabenwollen und Widerstand auszuloten. Und je weiter unser Bewusstsein durch Erkundung des Geistes wird, desto eher werden wir mitfühlend. Wie bei einem aus Steinen geformten Torbogen: Die Steine stützen sich gegenseitig, und zusammen streben sie himmelwärts.

Zusammenfassung

- »Präsent sein« heißt, dass wir Einflüsse der Vergangenheit (Erinnerungen) und Zukunft (Befürchtungen, Pläne, Vorfreude) auf unsere Gegenwart nicht zulassen. Sobald wir bemerken, dass sie wieder einmal überhandnehmen und so viel von unserer Aufmerksamkeit beanspruchen, dass wir die Gegenwart weder genießen noch richtig in ihr funktionieren können, konzentrieren wir uns einfach neu auf den Atem und holen uns so zurück in die Gegenwart.

- Um präsent zu bleiben, eignen sich auch die Übungen zum Thema »einfach tun« in Kapitel 8, also »einfach sehen« (Übung 21) und »einfach hören« (Übung 22). Mit der Zeit kürzen wir damit unser Ich aus der Gleichung heraus, und dann ist es nicht mehr »ich tue«, sondern »einfach tun«.

- Bei diesen Übungen bekommen wir manchmal kurze Einblicke in die sehr seltene Verfassung der nondualen Achtsamkeit, in der wir uns mit dem gesamten Universum eins fühlen, nicht mehr nur mit diesem Körper und diesem Geist.

- Das ist sicher ein sehr hoch entwickelter Zustand, doch Achtsamkeit und Mitgefühl sind für sich selbst bereits ein unschlagbares Gespann, das seine ganz eigene Dynamik entwickelt: Je achtsamer und bewusster wir werden, desto leichter fällt uns Mitgefühl, und je mitfühlender wir werden, desto stärker wird unsere Achtsamkeit. Das ist von ungeheurem Nutzen, ob wir zur Erfahrung der Nondualität kommen oder nicht.

15 Über Nondualität und Spiritualität

Vielleicht glauben Sie an keinen Gott, vielleicht gehören Sie keiner Religion an und glauben nicht an ein Weiterleben nach dem Tod des Körpers, aber ich vermute doch, dass jemand, der ein Buch wie dieses liest, zumindest wissen möchte, wie man am besten lebt. Man könnte sogar sagen, das sei eigentlich die Grundfrage aller philosophischen, metaphysischen und theologischen Denksysteme. Wenn Sie für solche Fragestellungen Sinn haben, finden Sie vielleicht den Begriff der Nondualität oder Nicht-Zweiheit interessant. (Und wenn nicht, dann überspringen Sie dieses Kapitel ruhig.) Natürlich kann dieses Buch keine erschöpfende Darstellung leisten, aber ich möchte Ihnen zumindest einen kleinen Eindruck vermitteln.

Nondualität

Wie wir in einem früheren Kapitel erörtert haben, entdecken wir aufgrund der Entfaltung unseres Mitgefühls, dass jeder Mensch ein Subjekt ist, dessen Innenleben dem unseren in groben Zügen, wenn nicht sogar bis in die Einzelheiten ähnelt: komplex, voller Brüche und oft schmerzerfüllt. Auf dieser mitfühlenden Ebene der Achtsamkeit erkennen wir eine Welt voller Menschen, die alle das gleiche Lebensrecht haben und sich den gleichen Fragen und Kämpfen ausgesetzt sehen wie wir. Nonduale Achtsamkeit geht hier noch einen Schritt weiter.

Das alte Sanskritwort *Advaita* – aus *a* (»kein, nicht«) und *dvaita* (»Zweiheit, Dualität«) zusammengesetzt – bezeichnet das, worauf ein sehr fortgeschrittenes Stadium der Achtsamkeit zielt: einen Zustand, in dem man sich in keiner Weise mehr von irgendetwas anderem getrennt fühlt.

Wo das Mitgefühl die Trennung zwischen zwei Subjekten, etwa Ihnen und mir, aufhebt, löscht die Erfahrung der Nicht-Zweiheit das Konzept voneinander getrennter Subjekte ganz und gar, sodass nur noch das Eine existiert, das verschiedentlich als »alles, was ist« oder »Grund des Seins« umschrieben wird. Ein eher traditioneller Nondualist würde vielleicht von »Gott« sprechen und hinzufügen, dass wir alle Anteil an dieser Wesenheit haben und nicht von ihr zu trennen sind.

Ein Standardansatz des Trainings weit fortgeschrittener Schüler in dieser nondualen Wahrnehmung besteht darin, dass sie ihre Aufmerksamkeit gänzlich auf die Empfindung des »ich bin« oder der »bewussten Präsenz« konzentrieren. Auch wenn wir eine »Einfach-tun-Meditation« machen, kann es vorkommen, dass unser Ich vollkommen in Vergessenheit gerät und wirklich nur noch das Tun da ist. Wenn Sie es soweit gebracht haben, können Sie den Zustand der »Ich-bin-heit« ohne ein Ich erforschen. Wer ist dieses Ich? Bin ich der Körper? Bin ich mein Gehirn? Mein Geist? Und wenn innerlich Stille herrscht, bleibt dann vielleicht nur eine Art Präsenz, ein Vorhandensein, das sieht und hört? Das ist die Art von Fragen, die uns von *Advaita*-Lehrern aufgegeben werden.

Gebet

Aber auch ohne die Erfahrung der Nicht-Zweiheit ist Achtsamkeit von größtem spirituellen Nutzen, unabhängig von unserer Religion oder Überzeugung. Wenn etwa das Beten ein Bestandteil Ihres spirituellen Lebens ist, können gezielte Aufmerksamkeit und Entlastung von Angst und Ärger Ihrer

Verbundenheit mit dem Göttlichen nur guttun. Sie haben »einfach sehen«, »einfach hören« und »einfach tun« geübt und sind damit vorbereitet auf »einfach beten«.

Wenn Sie es ausprobieren möchten, können Sie (ähnlich den Inselbewohnern in Kapitel 5) ein ganz kurzes Gebet Ihrer Glaubensrichtung in eine simple Gehübung mit Schrittzählung einflechten und bei jedem Schritt eine Silbe sprechen. Oder Sie richten sich während einer Atemmeditation bei jedem Einatmen und Ausatmen innerlich auf das Gebet aus. Im christlichen Kulturkreis kann es das sogenannte Jesusgebet oder Herzensgebet sein, das in seiner kürzesten Form einfach aus dem Namen Jesu oder einer Formel wie »Herr Jesus Christus« besteht. Jedes kurze Gebet jeder Glaubensrichtung kann für die Verbindung von Gebet und Meditation verwendet werden.

Zusammenfassung

• Wir können von der Einfach-tun-Übung aus den Zustand der Nondualität erkunden, wenn wir uns bei still gewordenem Geist Fragen wie diese stellen: »Wer tut dieses ›einfach schauen‹ oder ›einfach hören‹?«

- Jedes kurze, einprägsame Gebet lässt sich mit einer Geh- oder Atemübung kombinieren. Das erhöht unsere Konzentration und drängt zugleich ablenkende Gefühle wie Ärger und Angst zurück. Wenn wir beim Beten präsent bleiben, kann aus einer Routine etwas sehr Gehaltvolles werden, nämlich »einfach beten«.

- Meine Lieblingsbücher zu diesem Thema sind *Ich bin* von Nisargadatta Maharaj und *Wege durch den Tod* von Stephen Levine, beide im Anhang genannt.

16 Die Strategie der Achtsamkeit

Bei der Planung zu diesem Buch dachte ich an gesonderte Kapitel, die über Achtsamkeitstechniken in unterschiedlichen Lebenslagen unterrichten sollten – zu Hause, bei der Arbeit, auf Reisen oder beim Warten auf irgendetwas. Beim Schreiben stellte sich jedoch bald heraus, dass ich damit künstliche Trennlinien ziehen würde, da es in allem, was uns in diesen Bereichen begegnet, Gemeinsamkeiten gibt. Bei der Arbeit müssen wir abwarten, bis der Drucker bereit ist, wir stehen vor dem Check-in am Flughafen Schlange, wir warten im Restaurant auf unsere Kinder oder Freunde. Und schwierige zwischenmenschliche Situationen gibt es zu Hause ebenso wie im Büro oder beim Zahnarzt.

Bei diesen beiden Typen von Situationen – Warten und Beziehungsstress – und vielen anderen bestehen die Meditationen, die Abhilfe versprechen, aus ähnlichen Schritten. Deshalb erscheint es sinnvoll, sich Gedanken zu einem generellen Strategieplan der Achtsamkeitspraxis zu machen.

Anschließend überlegen wir uns, was für negative Selbstgespräche in unterschiedlichen Situationen bevorzugt auftreten und wo sich Chancen für Meditationsübungen unter bestimmten Umständen bieten. Wenn Sie die Meditationsübungen in diesem Buch immer gleich ausprobiert und die, die Ihnen am meisten liegen, zum Aufbau Ihrer mentalen Muskulatur in täglichen kleinen Schritten genutzt haben, finden Sie in den folgenden Kapiteln Anregungen, nach denen Sie bei der Arbeit, zu Hause und unterwegs achtsamer werden können, bei irgendwelchen Tätigkeiten ebenso wie beim Warten.

Am Schluss steht ein Kapitel über unsere Taktiken der Selbsttröstung, zum Beispiel Essen, Fernsehen oder Sport, und hier gebe ich Ihnen dann Anregungen, wie Sie die Achtsamkeit so einsetzen können, dass die guten Seiten unserer Selbsttröstung verstärkt und die negativen Auswirkungen abgefangen werden.

Die Achtsamkeitsstrategie

Zum Aufbau einer Achtsamkeitspraxis gehören aus meiner Sicht vier Hauptschritte, von denen Sie drei sicher schon ausprobiert haben, den vierten vielleicht noch nicht. Es folgt dann noch ein zusätzlicher fünfter Schritt, der wirklich schwierig ist, aber es lohnt sich, daran zu arbeiten. Auch die ersten drei Schritte möchte ich zur Auffrischung hier noch einmal kurz wiederholen.

Erster Schritt:
Aufbau der mentalen Muskeln

Zuerst lernen wir ein paar grundlegende Meditationsübungen mit Ausrichtung auf den Atem und schaffen uns Gelegenheiten, sie in kleinen Schritten zu üben. Das wird im Laufe der Zeit zwei Hauptwirkungen entfalten:

- Wir sind in der Lage, Stressreaktionen gezielt zu unterlaufen. Sie erinnern sich: Eine Stressreaktion ist eine nicht überlebenswichtige und auch sonst keinem sinnvollen Zweck dienende Flucht-Abwehr-Reaktion.
- Wir können konzentriert bei jeder Tätigkeit bleiben und lassen nicht zu, dass wir uns

dazu ablenkende Geschichten erzählen. Gelernt haben wir das durch Übungen, in denen wir »einfach sehen« oder »einfach hören«, die uns auf »einfach tun« vorbereitet haben.

Zweiter Schritt: proben, visualisieren und desensibilisieren

Solange Achtsamkeit noch kein so fester Bestandteil Ihres Lebens geworden ist, dass sie Ihnen in jeder Situation zur Verfügung steht, und solange Sie noch nicht jede Tätigkeit vollkommen konzentriert und in der Haltung des »einfach Tuns« verrichten können, müssen Sie die Anwendung Ihrer Instrumente proben und im Voraus visualisieren, das heißt auf schwierige Situationen eingestellt sein. Fangen Sie mit Übung 19 in Kapitel 7 an, in der es um Teilung der Aufmerksamkeit und um Desensibilisierung bei Sackgassengedanken geht. Wenn diese Übung Ihnen geläufig geworden ist, lassen Sie Übung 26 folgen, die Meditation der Desensibilisierung vor einem Ereignis, das Sie kommen sehen. So sind Sie eher in der Lage, achtsam mit schwierigen Situationen umzugehen, wenn sie dann eintreten.

Dritter Schritt: Es kommen sehen, bevor es schiefgeht

In Kapitel 12 haben Sie gelernt, Ihre Gedanken als Objekte unter anderen zu behandeln und sie zu benennen, sobald sie auftauchen. Das gilt besonders für negative Gedanken und die Situationen, von denen sie typischerweise ausgelöst werden. Dieser Umgang mit Ihren Gedanken macht es Ihnen möglich, rechtzeitig auf potenziell schwierige Ereignisse und Gedanken aufmerksam zu werden. Dann können Sie Ihre Achtsamkeitsinstrumente gemäß dem zweiten Schritt auf sie anwenden.

Vierter Schritt: Mitgefühl heranbilden

Mit den ersten drei Schritten können Sie unnötigen Leiden begegnen, aber Schmerz und Kummer werden trotzdem noch vorkommen. Wenn Sie mit den Übungen in Kapitel 13 Ihr Mitgefühl wecken und stärken, haben Sie ein großartiges Hilfsmittel für schwere Zeiten, in denen alles aus dem Ruder zu laufen scheint. Vielleicht sind Sie wie viele andere und kümmern sich darum erst, wenn der Ernstfall eingetreten ist. Aber keine Sorge, Ihre Fähigkeit mitzufühlen ist immer vorhanden. Nur manchmal nutzen wir sie erst, wenn der Schmerz uns dazu zwingt.

Fünfter Schritt: die Auseinandersetzung mit der Nondualität und dem »existenziellen Dilemma« (nur für Heilige und Weise)

Je mehr wir uns als Teil von etwas Größerem fühlen, größer sogar als diese ganze Welt, desto weniger stark empfinden wir Trennung und Verlust. Im indischen Denken wird die Einheit der Schöpfung *Advaita* genannt, und für Meditierende aller Traditionen liegt das höchste Ziel eines achtsamen Lebens in der Erfahrung dieser Einheit oder »Nicht-Zweiheit«. Nur die größten Heiligen und Weisen kommen zu tiefer und anhaltender Erfahrung dieses Einsseins, aber auch für uns Normalsterbliche ist das Streben danach keineswegs Zeitverschwendung. Wenn Sie nicht an ein Leben nach dem Tod glauben, ist es vielleicht die einzige Möglichkeit der Bewältigung dessen, was Philosophen das »existenzielle Dilemma« nennen, nämlich des Bewusstseins, dass wir jetzt leben, aber sterben werden. In Kapitel 15 finden Sie eine kurze Einführung in die Nondualität und ein paar Lektüreempfehlungen zu diesem wichtigen Begriff.

Zusammenfassung

- Ein »Strategieplan« der Achtsamkeitspraxis besteht aus vier Hauptschritten und einem weiterführenden Schritt.

- Diese Schritte sind: die mentale Muskulatur aufbauen; proben, visualisieren, desensibilisieren; es kommen sehen, bevor es schiefgeht; Mitgefühl heranbilden und schließlich (nur für Heilige und Weise) die Auseinandersetzung mit Nondualität und dem existenziellen Dilemma.

17 Zwischenmenschliche Achtsamkeit

Achtsamkeit kann ganz erheblich darüber mitbestimmen, wie Sie sich zu Hause und am Arbeitsplatz fühlen und verhalten. Um Ihre Beziehungen zu anderen Menschen zu bereichern, brauchen Sie keine neuen Meditationen mehr – Sie haben ja bereits viele ausprobiert. Sie brauchen nur eine oder zwei Lieblingsübungen, deren Anwendung Ihnen leichtfällt und bei denen Sie gut konzentriert bleiben können, und Sie müssen für sich klären, wo und wie Sie diese Übungen bei Bedarf anwenden können.

Vielleicht haben Sie im Moment das Gefühl, sehr viel zu tun zu haben, zu viel, um achtsam zu sein. Viele Menschen empfinden es so. Falls das der Fall ist, ersetzen Sie in diesem Selbstgespräch doch einmal »viel zu tun« durch »aktiv«. »Viel zu tun« oder »beschäftigt« lässt an allerlei Aufgaben denken, um die man sich »zu kümmern hat«, und klingt nach Belastung durch eine Menge Arbeit. Bei »aktiv« schwingen dagegen Können und Tatendrang mit, die Fähigkeiten und der Schwung, mit denen man etwas erreicht. »Aktiv« bietet Raum für Aktivitäten aller Art, auch für Achtsamkeit.

Unter uns: die Kunst des achtsamen Gesprächs

Im Gespräch kann Achtsamkeit auf ganz verschiedenen Ebenen eine Rolle spielen. Wir können unsere Aufmerksamkeit auf den Lauf unserer eigenen Gedanken und das vom Gegenüber Gesagte aufteilen: Nehme ich einfach seine Worte auf? Suche ich nach versteckten Botschaften? Plane ich schon meine Erwiderung, anstatt erst einmal nur zuzuhören? Bei hitzigen Auseinandersetzungen und anderen diffizilen Interaktionen können wir die Aufmerksamkeit auf unseren Atem und den Inhalt des Gesprächs aufteilen. Das dämpft eine eventuelle Flucht-Abwehr-Reaktion und die damit verbundenen Regungen von Ärger und Angst. So bleiben unsere Lösungsbemühungen auf die tatsächlich gegebene Lage ausgerichtet und sind nicht von Ärger oder Angst gesteuert. Außerdem trainieren wir dabei auch noch unsere mentalen Muskeln.

Variable Aufteilung der Aufmerksamkeit

In Kapitel 8 haben Sie eine Simulation des zwischenmenschlichen Austauschs geübt, die »geteilte Aufmerksamkeit gegenüber unangenehmen Menschen« (Übung 24). Es ging darum, Ihre Aufmerksamkeit zwischen der Atemübung und einer von Ihnen nicht geschätzten Person in Radio oder Fernsehen aufzuteilen.

Wenn Sie das ernsthaft geübt haben, werden Sie es jetzt nicht wesentlich schwieriger finden, Ihre Aufmerksamkeit zwischen einem Gespräch mit einem realen Menschen und Ihrer Atemübung zu teilen. Sollte es Ihnen doch schwerfallen, dabei in beiden Richtungen konzentriert zu bleiben, können Sie Folgendes versuchen:

- Solange Ihnen der Inhalt des Gesprächs nicht allzu viel Aufmerksamkeit abverlangt, wenden Sie die Atemübung an, bei der Sie die Atemzüge benennen und immer bis vier zählen – »ein ... eins, aus ... eins, ein ... zwei, aus ... zwei« und so weiter.
- Wenn Sie das Gesagte genau aufnehmen und sich einprägen müssen, wählen Sie lieber die einfachere Übung, bei der Sie die Atemzüge nur mit langgezogenem »ein« und »aus« benennen. Diese Übung lässt sich

leichter unterbrechen und wieder aufnehmen, je nachdem, ob Sie gerade mehr oder
weniger Aufmerksamkeit für das Gespräch
benötigen.

Legen Sie die Latte nicht gleich zu hoch

Üben Sie das erst einmal in zwanglosen, stressfrei-
en Gesprächen. In einer kleinen Gruppe ist es leichter als beim Vier-Augen-Gespräch, einfach weil Sie
nicht mehr gar so viel aktiv beitragen können, wenn
Sie Ihre Aufmerksamkeit teilen. Bei den meisten
(auch bei mir) ist es sogar so, dass sie ihre Atemauf-
merksamkeit größtenteils aufgeben müssen, um
überhaupt mehr als ein- oder zweisilbige Äußerun-
gen wie »Stimmt« oder »Aha« oder »Wow« von sich
geben zu können.

Wenn anderen auffällt, dass man wenig redet (»Du
bist heute so still, David«), kann man wunderbar sagen: »Ich höre einfach zu.« Das hören die meisten
gern, wir alle lieben das Gefühl, dass uns zugehört
wird. (Und wie passend, schließlich üben Sie ja »einfach nur zu lauschen«.) Folgen Sie dem Gespräch
mit den Augen, sehen Sie denjenigen an, der gerade
spricht, dadurch wirken Sie stark beteiligt. Sollte
das Stillsein Ihnen unbehaglich werden, können Sie
auch das wieder achtsam betrachten. So erfahren

Sie etwas über sich, dem Sie nachspüren können: Wo kommt das her?

Und wenn Sie den Drang verspüren, eine Anmerkung zum Gespräch zu machen, können Sie auch das achtsam tun. Bevor Sie etwas sagen, fragen Sie sich innerlich achtsam: »Bringt das etwas? Habe ich bestimmte Gründe, gerade das sagen zu wollen? Soll ich lieber erst noch darüber nachdenken?« Das ist achtsames Sprechen, wie Sie es am besten erst einmal in zwanglosen Gesprächen üben, in denen es nicht um viel geht.

Achtsames Zuhören und Sprechen, wenn es um mehr geht

Wenn Sie das ausreichend geübt haben, können Sie den Schwierigkeitsgrad ein wenig steigern und das gleiche Verfahren in Gesprächen mit Leuten anwenden, die Sie ein wenig schwierig finden, seien es Verwandte, Kollegen, Kunden oder Patienten. Dabei wird Ihre Stressreaktion sicher etwas leichter ausgelöst als in ganz zwanglosen Gesprächen, und Sie müssen auf die allerersten Symptome einer Flucht-Abwehr-Reaktion achten, immer bereit, Ihre Aufmerksamkeit mehr in Richtung Atemmeditation zu verschieben. Sollte Ihnen dadurch etwas entgehen, was gerade gesagt wird, zögern Sie nicht, zu dieser sehr nützlichen Notlüge zu greifen: »Würden Sie das bitte wiederholen? Ich möchte sichergehen, dass ich wirklich verstanden habe, was Sie meinen.« Dazu sind die meisten nur zu gern bereit, schließlich ist es ein schönes Gefühl, wenn einem interessiert zugehört wird. Tun Sie ja auch, nur eben auf Ihre ganz eigene (achtsame) Art.

Nachdem Sie auf diesem mittleren Niveau einigermaßen sattelfest geworden sind, können Sie Ihre Achtsamkeitstechnik auch in wichtigen Gesprächen oder bei stressreichen Begegnungen anwenden. Dazu werden Sie alles aufbieten müssen, was Sie bisher gelernt haben. Betrachten wir das an einem Beispiel.

Achtsame Kommunikation am Arbeitsplatz

Angenommen, Sie gehen gerade von Ihrem Arbeitsplatz zum Büro des Chefs, wo eine Besprechung ansteht, die stressig zu werden verspricht. Vielleicht waren Sie im Voraus unterrichtet und konnten sich durch Visualisation der Begegnung bereits ein wenig desensibilisieren. Normalerweise, das heißt ohne Achtsamkeit, würden Ihnen beim Gang in Richtung Chefzimmer alle möglichen Gedanken durch den Kopf gehen – was Sie sagen werden, was Ihr Chef sagen wird und ob seine Worte Sie verärgern oder froh stimmen, erleichtern oder enttäuschen werden. Aber diesmal sind Sie achtsam, Sie setzen Ihre mentalen Muskeln ein, um mit der Aufmerksamkeit ganz bei der Empfindung des Aufsetzens der Füße bei jedem Schritt zu bleiben. Unachtsames Gehen wäre eher von Stressreaktionen oder angenehmen, aber vielleicht wenig realistischen Fantasien begleitet, und beides würde Ihnen bei der Besprechung selbst wenig nützen. Achtsame Vorbereitung und die beruhigend wirkende Ausrichtung auf den Augenblick erhöhen zumindest die Wahrscheinlichkeit, dass Sie entspannt und in achtsamer Grundhaltung im Büro Ihres Chefs ankommen.

Während Sie sich anhören, was er zu sagen hat, teilen Sie Ihre Aufmerksamkeit zwischen Ihrem Atem und seinen Worten auf. Wenn es (wie in diesem Beispiel) um sehr wichtige Dinge geht, werden Sie wahrscheinlich die allereinfachste Übung des Benennens Ihrer Atemzüge mit langgezogenem »ein« und »aus« wählen. Immer wenn es um komplexere Dinge geht – um Zahlen und Statistiken, die Sie möglichst genau aufnehmen müssen, oder um Namen und Bezeichnungen, die Sie sich einprägen müssen –, können Sie bei Bedarf die Übung unterbrechen und sich ganz auf die Worte konzentrieren. Sollte jedoch Stress aufkommen, kehren Sie besser für ein paar Sekunden zum Atem zurück. Wenn Sie das in nicht so gewichtigen Zusammenhängen geübt haben (etwa anhand von Übung 24, der mit der Nervensäge im Radio oder Fernsehen), können Sie Ihre Fähigkeit jetzt in dieser etwas anspruchsvolleren Situation gezielt zum Einsatz bringen. Was sie auch ergibt, Sie werden ruhiger und gefasster aus ihr hervorgehen, als es sonst der Fall wäre.

Achtsame Kommunikation zu Hause

Kommunikation zu Hause und Kommunikation bei der Arbeit unterscheiden sich in einer Hinsicht ganz erheblich: Außer in einem Familienunternehmen sind Sie den Kollegen wahrscheinlich nicht durch Heirat oder Blutsbande verbunden. Bei der Kommunikation mit Kindern, alten Freunden oder Eltern hingegen spielt die lange gemeinsame Geschichte wahrscheinlich eine erhebliche Rolle. Um beim Umgang mit diesen Menschen achtsam zu bleiben, müssen Sie vermutlich ein wenig Arbeit vom Typ »es kommen sehen« (Kapitel 12) leisten. Sie planen einen Tag am Meer zusammen mit Ihren Kindern und Eltern? Dann überlegen Sie sich am besten vorher schon, was für Probleme möglicherweise auftreten könnten. Machen Sie dazu auch ein paar Visualisationen und Desensibilisierungsübungen, damit Sie, sollte solch ein Fall eintreten, besser gerüstet sind, Ihre Achtsamkeitstechniken tatsächlich anzuwenden.

Wenn Sie dann am Strand oder auf der Hin- oder Rückfahrt sind, müssen Sie auf einsetzende Stressreaktionen achten und darauf eingestellt sein, zu einer simplen Atemübung überzugehen, sobald sich die ersten Stresssymptome zeigen.

Was, wenn Sie es vermasseln?

Niemand ist ständig vollkommen achtsam. Rechnen Sie also damit, dass es Ihnen auch mal misslingt. Wie können Sie die Lage noch retten, wenn es passiert? Hier ein paar allgemeine Richtlinien:

1. Seien Sie darauf eingestellt. Machen Sie sich klar, dass Ihre Achtsamkeitsinstrumente in manchen Situationen nicht ausreichen werden. Es wird gut sein, schon im Voraus und mit begleitenden Visualisationen die folgenden Schritte 2 bis 4 zu üben.
2. Für den Fall, dass Sie es tatsächlich vermasseln, nehmen Sie sich vor, möglichst schnell zu bemerken, dass Sie Ihre Ausrichtung auf den Atem oder irgendeine andere Abfangstrategie verloren und unzweckmäßig gehandelt haben. Auf diese Art beschäftigen Sie sich nicht länger als unbedingt nötig mit diesem Ausrutscher.

3. Kehren Sie dann sofort zur Aufmerksamkeit auf den Atem zurück, damit die Krise gar nicht erst ausufern kann.

4. Dann ist unter Umständen eine Entschuldigung angebracht: »Tut mir wirklich leid, da habe ich wohl einen kleinen Aussetzer gehabt.« Urteilen Sie aber selbst, ob eine Entschuldigung in dem Moment wirklich angemessen ist.

Wenn Sie das im Vorhinein durchspielen, kommen Sie mit derartigen Situationen vielleicht besser zurecht. Sehr nützlich ist es auch, nach dem dritten Schritt einen Augenblick des Mitfühlens einzulegen. Das Mitgefühl gilt allen, die unter Ihrem Mangel an Achtsamkeit zu leiden hatten, aber auch Ihnen selbst. Sie können sich mit Übung 35 darauf vorbereiten.

Am Telefon

Was ich über achtsame Kommunikation im persönlichen Gespräch gesagt habe, gilt auch für Telefonate – die allerdings insofern etwas einfacher sind, als Ihr Gesprächspartner Sie nicht sieht und Sie deshalb nicht ganz so aufmerksam wirken müssen. Aber Sie sehen den anderen natürlich auch nicht und müssen deshalb genau auf dessen Tonfall achten, um zu wissen, in welcher inneren Verfassung er sich befindet (sofern das wichtig für den Anruf und Ihre Reaktion ist).

Ich versuche, immer eine kleine Achtsamkeitsübung zu machen, bevor ich einen Anruf annehme. Wenn er direkt auf meinen Apparat kommt, lasse ich dreimal klingeln und mache in der Zeit eine ganz kurze Übung der Atembenennung; und ich mache mir bewusst, dass dieser Anruf gute, schlechte oder neutrale Neuigkeiten bringen kann und ich darauf keinen Einfluss habe. Dann atme ich aus, nehme ab und melde mich. Wenn schon jemand anderes abgenommen hat und mich benachrichtigt, dass der Anruf für mich ist, antworte ich: »Ich geh' gleich ran« und mache meine kurze Übung.

Dieses Verfahren ist erstens sehr gut für die mentale Muskelkraft und ruft uns zweitens in Erinnerung, dass wir wenig echte Kontrolle über die Welt haben, in der wir uns tagtäglich bewegen. Mir erlaubt es, während des Anrufs so achtsam zu sein, wie ich nur sein kann, gleich ob es sich um Telefonwerbung, meinen besten Freund oder einen potenziellen Kunden handelt.

Zusammenfassung

- Ein ganz wichtiges Gebiet für die Praxis der Achtsamkeit ist der Umgang mit anderen Menschen. Sie können dazu die Übungen in diesem Buch nutzen, mit denen Sie bereits Erfahrungen gesammelt haben.

- Wenn bei Ihnen im Austausch mit anderen leicht Stress aufkommt, beschäftigen Sie sich mit Übung 24 in Kapitel 8 (geteilte Aufmerksamkeit gegenüber unangenehmen Menschen), und zwar ausgiebig.

- Vor Begegnungen, bei denen mit Stress zu rechnen ist, wenden Sie vorbeugend das unter »Es kommen sehen, bevor es schiefgeht« beschriebene Verfahren an (Kapitel 12). Machen Sie per Visualisation einen Probedurchlauf der anstehenden Begegnung.

- Manchmal wird es Ihnen misslingen. Halten Sie dafür eine Notfallstrategie bereit: Gewöhnen Sie sich an, einen Ausrutscher möglichst frühzeitig zu bemerken. Kehren Sie dann für einen Moment mit Ihrer Aufmerksamkeit zum Atem zurück. Entschuldigen Sie sich, sofern es angebracht ist. Mitgefühl für die »Leidtragenden« und sich selbst ist eine große Hilfe. Halten Sie sich Übung 35 geläufig, um sie im Bedarfsfall immer gleich anwenden zu können.

18 Achtsamkeit unterwegs

Unterwegs zu sein kann erfreulich oder quälend sein, auf jeden Fall aber bietet es Chancen, Achtsamkeit zu üben – Chancen, derer sich die rastlosen Protagonisten in Jack Kerouacs Roman *Unterwegs* wohl kaum bedient haben. Aber Sie können es. Ich mache Ihnen ein paar Vorschläge für den Anfang.

Sicherheit geht vor

Fangen wir mit dem Autofahren an. Meditieren beim Autofahren? Falls Sie sich darunter vorstellen, dass Sie ein bisschen wegtreten und mit halbgeschlossenen Augen »Ommmmm« summen, während Sie mit hundertzwanzig Sachen auf der Schnellstraße unterwegs sind, vergessen Sie das lieber gleich wieder.

Zu Beginn Ihrer Meditationspraxis während des Autofahrens wird Ihre Aufmerksamkeit gänzlich bei den *sicherheitsrelevanten* Wahrnehmungsanteilen bleiben. Die folgende Übung trainiert gezielt Ihre mentale Muskulatur, und danach können Sie Ihre Praxis bald um eine Atemkomponente beim Autofahren erweitern.

Zuvor jedoch zwei Sicherheitshinweise:

1. Wenn Sie Fahranfänger sind oder zu Unfällen aus Unachtsamkeit neigen oder Medikamente nehmen oder körperlichen Einschränkungen beziehungsweise psychischen Belastungen ausgesetzt sind, die Ihre Fahrtüchtigkeit herabsetzen, dürfen Sie diese Übungen NICHT machen, auch wenn es dabei darum geht, die Fahrsicherheit zu erhöhen. Warten Sie damit, bis Sie mit den anderen Übungen ein paar Jahre lang Erfahrungen gesammelt haben. Dann studieren Sie die Übungsanleitungen erneut und beratschlagen sich gegebenenfalls mit Ihrem Arzt oder Therapeuten, bevor Sie sie ausprobieren.

2. Immer wenn Sie eine Autofahrmeditation machen, muss Sicherheit absolut vorrangig sein. Sollten im Wagen beengte Verhältnisse herrschen, das Verkehrsaufkommen hoch

oder die Straßenverhältnisse schwierig sein, machen Sie diese Übungen bitte nicht.

Übung 38: Sicherheitsmeditation beim Autofahren

Stellen Sie sich vor, Sie wären als Rennfahrer auf der Piste. Würden Sie sich während des Rennens markige Worte zurechtlegen, die Sie später vom Treppchen aus von sich zu geben gedenken? Haben Sie Zeit für die Frage, ob Ihre Exfrau wohl zuschaut? Bestimmt nicht! Ein Sekundenbruchteil Unaufmerksamkeit kann hier über Sieg und Niederlage, über Leben und Tod entscheiden.

Bei dieser Übung geht es um das gleiche Maß an Aufmerksamkeit, nur eben in Ihrem eigenen Wagen. Machen Sie die Übung bei gutem Wetter auf einer vertrauten Strecke; eine Kraftfahrstraße bietet wahrscheinlich das höchste Maß an Sicherheit. Ihr Ziel muss es während der gesamten Übung sein, mit der Aufmerksamkeit gänzlich beim Fahren zu bleiben.

1. Halten Sie den Blick unbedingt auf die Fahrbahn vor sich gerichtet, um zwischendurch nur immer kurz in den Rückspiegel und auf den Tacho zu schauen. Achten Sie auf die relativen Positionen der übrigen Fahrzeuge

und auf alle Stellen, an denen Autos, Fahr-
räder oder Fußgänger einbiegen beziehungsweise kreuzen könnten.

2. Auf der akustischen Wahrnehmungsebene
achten Sie ausschließlich auf Hupen, Mar-
tinshörner und andere für das Fahren rele-
vante Signale oder Geräusche. Kein Radio.
Keine Gespräche mit Mitfahrern, sofern vorhanden. Am besten probieren Sie diese
Übung erst einmal aus, wenn Sie allein im
Wagen sind. Später können Sie Ihre Passa-
giere dann informieren, dass Sie jetzt eine
Weile nicht reden werden.

3. Sobald Sie Gedanken bemerken, die nichts
mit dem sicheren Fahren zu tun haben, lassen Sie Ihre mentalen Muskeln spielen, um
die Aufmerksamkeit gleich wieder zum Fahren zurückzuholen. Sagen Sie sich einfach,
dass es um Leben und Tod geht – und so ist
es ja auch. Wir machen uns das bloß nicht
immer bewusst.

Übung 39: Sicher fahren und die Gedanken benennen

Wenn Sie sich mit Übung 37 eine ganze Weile beschäftigt haben und sich darin wie zu Hause fühlen, können Sie sie erweitern. Sollten Sie mit dem Gedankenbenennen (Übung 34 in Kapitel 12) gearbeitet haben, können Sie es jetzt in Ihre Übung des sicheren Autofahrens einbinden.

Sobald ein Gedanke aufkommt, der nichts mit dem Fahren zu tun hat, geben Sie ihm einen der Namen, auf die Sie beim Zusammenstellen Ihrer Problemgedanken (Kapitel 12) gekommen sind, oder einen neuen Namen. Danach kehren Sie sofort zum aktuellen Verkehrsgeschehen zurück. Sollte Ihnen nicht gleich ein bereits vorhandener oder neuer Name einfallen, kehren Sie einfach ohne diesen Schritt zum Fahren zurück.

Atemmeditation beim Autofahren

Wenn Sie sich mindestens ein paar Monate lang außerhalb Ihres Wagens mit Atemübungen befasst haben, können Sie Ihre Meditation des sicheren Fahrens um diese Komponente erweitern. Benennen Sie zunächst einfach Ihre Atemzüge mit dem bekannten langgezogenen »ein ... aus«. Wenden Sie aber für den Atem nur so viel Aufmerksamkeit auf, dass Sie jeweils wissen, ob Sie gerade ein- oder ausatmen; der Großteil Ihrer Aufmerksamkeit bleibt beim Verkehrsgeschehen. Und sollte da Ihre volle Aufmerksamkeit erforderlich sein – weil Sie überholen wollen oder bremsen müssen oder irgendein Hindernis auftaucht und so weiter –, wenden Sie sich bitte augenblicklich vom Atem ab.

Ich empfinde das Fahren auf Hauptverkehrsstraßen als großartige Gelegenheit zum Aufbau von mentaler Muskelkraft. Anstatt Radio zu hören oder mir den Kopf über echte oder imaginierte Kalamitäten zu zerbrechen oder – und das ist wirklich das Letzte – zu telefonieren, vergnüge ich mich lieber mit simplen Atemübungen. Manchmal zähle ich meine Atemzüge bis vier, immer wieder. Oder ich zähle eine Weile durch, zum Beispiel »von hier bis zum nächsten Ortsschild«.

Da ich möglichst beide Hände am Steuer habe, mache ich beim Autofahren auch gern die »Atemübung rechts-links« (Übung 23 in Kapitel 8). Beim Einatmen packe ich mit der linken Hand etwas fester zu als mit der rechten, und beim Übergang zum Ausatmen löse ich die linke ein wenig und packe mit der rechten etwas fester zu.

»Road Rage« – Wut auf dem Asphalt

Wenn Ihnen im Straßenverkehr leicht der Kragen platzt und Sie aggressiv werden, sollten Sie vielleicht lieber den Bus nehmen (und den Abschnitt über Pendelfahrten weiter unten lesen). Solange Sie sich nur gelegentlich und in Maßen über andere Autofahrer oder die Verkehrsbedingungen aufregen, können Sie dieser Abwehrreaktion mit einer Atemmeditation begegnen, sofern das nicht die Sicherheit beeinträchtigt. Manchmal ist es besser, rechts ran zu fahren und eine Minute zu meditieren. Fahren mit Ärger im Bauch dient schließlich nicht gerade der Sicherheit.

Gibt es da etwas, das Sie jedes Mal und ganz besonders aufregt? Drängler? Menschen, die auf dreispurigen Autobahnen konsequent auf der mittleren Spur bleiben, obwohl die rechte frei ist? Einen solchen »Mittenfahrer«, für den Sie unnötigerweise auf die linke Spur müssen, weil Sie ihn rechts nicht überholen dürfen, sehen Sie schon von Weitem. Da haben Sie Zeit, die obige Übung anzuwenden und ganz beim Steuern Ihres Wagens und beim Atem zu bleiben – den Fahrer auf der mittleren Spur beachten Sie gar nicht weiter, sondern lassen ihn einfach hinter sich. Das minimiert Ihren Stress und stärkt auch noch Ihre mentalen Muskeln.

Achtsames Fahren – ich glaube, es rückt einen eher in die Nähe großer Rennfahrer und hat wenig mit Leuten zu tun, die sich im Gespräch zu ihren Mitfahrern umdrehen, die beim Fahren telefonieren oder gar simsen, endlos am Radio fummeln oder sich von Ärger, Ungeduld, Tagträumereien und ablenkenden Gedanken mitreißen lassen.

Achtsamkeit in der Luft

Piloten im Dienst kann ich Meditation nicht direkt empfehlen, obwohl es durchaus sein könnte, dass behutsames und achtsames Meditieren ihre Flugtauglichkeit erhöht. Aber wir Übrigen können ohne Weiteres meditieren, wenn wir im Flieger sitzen oder uns im Flughafen bewegen. Hier ein paar Anregungen:

- Wenn Sie zu Flugangst neigen, aber eben fliegen müssen, beschäftigen Sie sich am besten mit Atemübungen, die grundsätzlich zum Eindämmen von Stressreaktionen taugen.
- Das Gleiche gilt, wenn Sie nicht grundsätzlich unter Flugangst leiden, aber Turbulenzen einsetzen oder Start beziehungsweise Landung wegen schlechten Wetters holperig zu werden versprechen.

- Wenn Sie durch den Flughafen hetzen, um Ihren Flug noch zu erwischen, oder barfuß durch den Sicherheitscheck tappen, machen Sie einfach eine Meditation im Gehen beziehungsweise Joggen. Ihre Gate-Nummer kennen Sie ja, was also liegt näher?

- Wenn Sie begründete Sorge wegen Ihres Anschlusses oder wegen möglicher Streichungen haben, tun Sie einfach das Notwendige (Ihr Gate aufsuchen, sich in die Schlange einreihen), und dann meditieren Sie. Beobachten Sie, wie bei jeder neuen Durchsage die Stressreaktion einsetzt, und bleiben Sie mit der Hälfte Ihrer Aufmerksamkeit beim Atem.

- Sollte Ärger aufkommen, wenn Ihr Flug abgesagt wird oder Sie eine Stunde im Flugzeug sitzen, bevor es endlich losgeht, versuchen Sie immer wieder darauf zurückzukommen, dass Sie da einen sehr wertvollen Zeitvertreib haben: die Vertiefung Ihrer Achtsamkeitspraxis.

Ein Flughafen bietet sicher besonders viele Gelegenheiten, beim Warten zu meditieren, aber ich werde Ihnen im nächsten Kapitel noch andere Wartemeditationen vorstellen. Hier will ich Ihnen nur noch eine weitere Anregung geben, nämlich sich, wenn

Sie dann in der Luft sind, einmal kurz zu vergegenwärtigen, dass das doch eigentlich eine merkwürdige Situation ist, Kilometer über dem Erdboden mit etlichen Hundert Stundenkilometern unterwegs zu sein. Denken Sie einmal an die Kosten für die Umwelt, aber auch an den menschlichen Erfindungsreichtum, der in dieser Errungenschaft steckt. Wenn dann Gefühle oder weitere Gedanken aufkommen, betrachten Sie das alles ohne Urteil, und teilen Sie Ihre Aufmerksamkeit auf – zwischen allen diesen Dingen einerseits und Ihrem Atem andererseits.

Für Pendler

Wenn Sie bei Pendelfahrten selbst am Steuer sitzen, zählt das natürlich als Autofahrt. Jetzt soll es eher darum gehen, dass Sie mitfahren oder öffentliche Verkehrsmittel benutzen.

In beiden Fällen, sei es im Wagen, im Bus oder im Zug, haben Sie im Allgemeinen mit anderen Leuten zu tun – manche davon mögen Sie, andere nicht, und die meisten kennen Sie kaum oder gar nicht.

Jedenfalls haben Sie hier eine schöne Gelegenheit zur Achtsamkeitspraxis anstelle von Lektüre oder von Musik im Ohr. Insbesondere bei Fahrgemeinschaften können Sie die Gespräche ringsum für eine Übung der geteilten Aufmerksamkeit gegenüber unangenehmen Menschen nutzen (Übung 24 in Kapitel 8) oder es mit Übungen zur zwischenmenschlichen Achtsamkeit (Kapitel 17) versuchen. Wenn Sie das Plaudern in der Gruppe zum Gegenstand Ihrer Aufmerksamkeit machen, eignet es sich für eine Meditation des Mögens, Nichtmögens und der Neutralität (Übung 32), und danach schließen Sie Übung 33 an, den Übergang vom Urteilen zum Nicht-Urteilen, wobei Sie sich allerdings auf das Hören und nicht auf das Sehen konzentrieren. Das kann sogar Spaß machen und trainiert Ihre mentale Muskulatur, einerlei, wie Sie zu Ihren Mitreisenden stehen. Auch im öffentlichen Nahverkehr lassen sich diese Übungen vielfach anwenden, oder Sie wählen unter den anderen Übungen, die Sie bereits kennen – Atem, Visualisation, Benennen der Gedanken oder sogar Mitgefühl.

Zusammenfassung

• Wenn Sie sich beim Autofahren sicher fühlen, dass Sie alles gut im Griff haben, ist es eine wunderbare Gelegenheit zum Training Ihrer mentalen Muskeln. Sie dürfen nur nie vergessen, dass das Fahren selbst immer an erster Stelle stehen muss.

- Lassen Sie bitte alle Autofahrmeditationen sein, wenn Sie kein erfahrener und sicherer Fahrer sind. Außerdem sollte Ihre Fahrtüchtigkeit weder durch Ihre Verfassung noch durch die äußeren Bedingungen eingeschränkt sein.

- Beim Fliegen und im öffentlichen Nahverkehr kann man sich wunderbar aufregen oder ungeduldig werden – ideale Bedingungen für Achtsamkeitsübungen. Sich unter nervenzehrenden Bedingungen zum besten aller Vorhaben und Ziele aufzuschwingen – das ist Achtsamkeit!

19 Warten: Achtsamkeit, wenn sich nichts tut

Wenn alle Bewegung zum Erliegen kommt und wir nur noch warten können, bietet uns auch das eine schöne Gelegenheit, Achtsamkeit zu üben. Jetzt können wir einfache Übungen zum Training unserer mentalen Muskeln machen, etwa eine Atemmeditation. Oder wir muten uns etwas mehr zu und nutzen erzwungenen Stillstand – beispielsweise im Stau oder im Wartezimmer der Arztpraxis – zur achtsamen Betrachtung unserer emotionalen Verfassung, einfach als Übung der Selbsterkenntnis.

Auch bei unseren gewohnten Tätigkeiten ergeben sich immer wieder kurze Leerzeiten, die Raum für kleine Achtsamkeitsübungen bieten. Wenn wir etwa an der Kasse anstehen, darauf warten, dass der Computer eine Aktion beendet, oder zum Netzwerkdrucker gehen, um unseren letzten Druckauftrag abzuholen, kann auch das mehr sein als geistlose Routine – nämlich Achtsamkeitspraxis.

Am Computer

In den Sekunden, die Ihr Computer braucht, um eine Seite aufzubauen oder eine längere Datei als E-Mail zu versenden, können Sie sich kurz Ihrem Atem zuwenden. Nehmen Sie wahr, ob Sie gerade ein- oder ausatmen, und benennen Sie die Atemzüge. Sie werden es kaum glauben, aber selbst indem Sie nur den Rest eines Ausatmens verfolgen und mit langgezogenem »aus« begleiten, trainieren Sie bereits Ihre mentalen Muskeln. Diese Fähigkeit, in jede Tätigkeit einen Augenblick Achtsamkeit einzuschleusen, ist wirklich nicht zu verachten!

Wenn die Dinge nicht so glatt laufen und Ihr Computer Zicken macht – Sie müssen sich in ein neues Programm einarbeiten, kennen sich aber nicht so richtig aus, die Internetgeschwindigkeit lässt zu wünschen übrig, oder die Festplatte hängt –, wird es wahrscheinlich zu einer Stressreaktion kommen. Unterlaufen Sie das, noch bevor Sie einen Fachmann um Hilfe bitten, mit einer Atemübung.

Am Flughafen

Wer beruflich viel fliegen muss, hat es da seit dem 11. September 2001 um einiges schwerer – längeres Anstehen in der Schlange, häufigere Streichungen von Flügen, mehr Gedränge in den Terminals. Aber so unangenehm das mit all seiner Langeweile, seinem Ärger und seiner ängstlichen Anspannung auch ist, es bietet reichlich Gelegenheit, achtsam zu sein. Wenn Ihre mentale Muskulatur stark ist und geschmeidig arbeitet, können Sie Übungen aller Art machen: Atemmeditationen, Gehübungen mit Benennung oder Zählung der Schritte, Visualisationen und Desensibilisierungsmeditationen – einfach alles, wozu Sie sich motiviert fühlen, solange Sie feststecken.

In der Schlange oder Warteschleife

Solange sich die Schlange irgendwie ein bisschen bewegt, können Sie eine langsame Geh- und Atemübung machen. Wenn es kaum vorwärtsgeht, beschäftigen Sie sich mit dem Benennen und Zählen Ihrer Atemzüge oder üben »einfach nur schauen« oder »einfach nur hören« (und da wird es sicher einiges geben, in der Schlange stehen Sie schließlich nicht allein). Gut genutzt ist diese Zeit auch mit einer Mitgefühlmeditation für jemanden in Ihrer Umgebung oder für sich selbst.

Wenn man eine Servicenummer wählt, hängt man oft auf unabsehbare Zeit in der Warteschleife. Da kann man stänkern oder etwas lesen oder im Internet herumklicken – oder eben ein, zwei Minuten Meditation einlegen. Es liegt wirklich bei Ihnen!

Auf andere warten

Auf jemanden zu warten kann einen auf eine harte Probe stellen, vor allem wenn man auf diese Person schon früher immer wieder mal warten musste. Aber Sie können aus dieser Wartezeit durchaus etwas machen, Sie können sogar erhebliches Kapital daraus schlagen. Stellen Sie sich das Gesicht dieses Saumseligen vor, wenn er schließlich heranhetzt und Sie kochend vorzufinden erwartet, und Sie sagen dann: »Nein, macht nichts, ich habe meditiert.«

Zusammenfassung

Ausfallzeiten und Wartezeiten, selbst wenn es sich nur um winzige Zeitabschnitte von wenigen Sekunden handelt, sind wunderbar geeignet, um Achtsamkeit zu üben. Wenn Sie diese Gelegenheiten immer gleich beim Schopf packen, bauen Sie Ihre mentale Muskulatur und Achtsamkeit auf – sei es, dass Sie eine Atemübung machen, die vom Warten ausgelösten finsteren Gedanken betrachten oder sich in achtsamer Betrachtung mit den Unwägbarkeiten des menschlichen Daseins befassen.

20 Sich selbst trösten

Wer Schmerzen leidet, braucht Trost. Und wenn Schmerz zum Leben gehört, muss das für Trost auch gelten. Oft suchen wir Trost bei anderen – bei den Eltern, wenn wir klein sind, später dann bei Freunden, Angehörigen oder Partnern. Auch bei uns selbst suchen wir Trost.

Meist entwickeln wir schon in der Kindheit unsere ganz eigenen Methoden der Selbsttröstung. Für manche liegt Trost im Essen (gern auch von Junkfood). Andere lesen einen Kriminalroman oder setzen sich vor den Fernseher. Für viele, für mich zum Beispiel, kann es auch beides zugleich sein. Einige laufen oder tanzen, sie machen Yoga oder spielen Musik. Wenn wir ein wenig Achtsamkeit aufgebaut haben, wird uns dieses Bedürfnis nach Trost bewusster, sodass wir lernen können, es zumindest zeitweilig auf gesündere, kreativere und achtsamere Art zu befriedigen.

Angenommen, wir hätten es bislang mit eher untauglichen Tröstungen versucht – ungesundes Essen, Alkohol, Drogen, übertriebenes Training. Wenn wir uns eingestehen, was wir da tun, können diese untauglichen Methoden schon dadurch weniger zwanghaft werden. Das gilt insbesondere dann, wenn wir im Rahmen unserer Achtsamkeitspraxis schon ein wenig Mitgefühl ausgebildet haben (siehe Kapitel 13). Der Wunsch nach Trost entsteht, wenn wir Schmerzen leiden, aktuellen Schmerz, erinnerten Schmerz oder vorausgeahnten zukünftigen Schmerz. Die gesündeste und achtsamste Form des Trosts dürfte Mitgefühl mit dem Leidenden sein, hier also mit uns selbst. Gewähren wir es uns ganz direkt, dann schwindet der Wunsch, es aus weniger gesunden Quellen zu beziehen.

Hinzu kommt, dass wir alles für uns Erfreuliche – wandern, Rad fahren, Yoga, Tanz oder Mundharmonika spielen – durch Achtsamkeit noch schöner machen und zugleich unsere mentalen Muskeln damit trainieren, sodass wir dann auch unter weniger erfreulichen Umständen achtsam bleiben können.

Wünsche und Bedürfnisse

Wünsche gehören zum Leben, und sie können sehr fordernd sein. Halten Sie eine Minute lang den Atem an, und Sie werden ein ganz natürliches und gesundes Verlangen verspüren: nach Luft. Oder essen Sie einen halben Tag nichts, dann werden Sie erleben, dass Ihnen so gut wie alles schmeckt. Selbsttröstungsverhalten ist dagegen häufig an eine spezielle Bedürftigkeit gekoppelt, die Suchtcharakter haben kann, auch wenn das, was man sich dann verschaffen möchte, nicht in sich selbst suchtauslösend sein muss.

Vielleicht haben Sie beim Essen immer den Fernseher laufen. Oder Sie essen vor dem Schlafengehen gern noch Eis. Eis schmeckt gut, keine Frage. Es mag auch sein, dass das Abendessen schon eine ganze Weile her ist. Aber vielleicht ist da noch etwas. Sind wir erst achtsamer geworden, also eher in der Lage, Gedanken als Objekte im Geist zu betrachten, werden wir leichter auf die feinen Unterschiede aufmerksam, die unsere Selbsttröstungsversuche kennzeichnen. Oft steckt eine tief verborgene Traurigkeit, Einsamkeit oder Bedürftigkeit dahinter, derer wir uns irgendwie annehmen müssen. Eis vor dem Schlafengehen mag diesem Zweck dienen, aber es könnte auch bessere Lösungen geben.

Gesundes und ungesundes
Selbsttröstungsverhalten

Nicht alle Formen der Selbsttröstung sind ungesund, aber es ist immer gut, über sie Bescheid zu
wissen. Manche Verhaltensweisen sind nicht in sich
selbst schädlich, können aber durch die Art des Ge-
brauchs ungesund werden. Ich spiele unheimlich
gern Mundharmonika. Würde ich aber jeden Abend
in der Kneipe spielen, weil ich den Beifall des Publi-
kums brauche, wäre das die ungesunde Übertrei-
bung eines an sich gesunden Verhaltens.

Darauf verstehen Menschen sich gut: gesundes
Verhalten ins Ungesunde zu überziehen. Weniger zu
essen kann sehr gesund sein, aber Anorexie ist das
ungesunde Extrem. Lesen ist ein herrlicher Zeitvertreib, aber wenn es so weit geht, dass Sie keine Zeit
mehr für die Familie haben, läuft etwas falsch. Ich
kenne Leute, die so ganz und gar im Briefmarken-
sammeln oder dem Besuch von Rockkonzerten auf-
gehen, dass sie so gut wie nichts anderes mehr tun.

Verleugnen, betäuben oder trösten?

Verleugnung oder Nichtwahrhabenwollen ist wie
der dunkle Zwilling der achtsamen Ablenkung von
Sackgassengedanken. In Kapitel 6, Sie werden sich

erinnern, haben wir ausführlich darüber gesprochen, wie wichtig es ist, einen Gedanken erst als Sackgasse zu bezeichnen, wenn wir sicher sind, dass er wirklich eine Sackgasse ist. Außerdem kann ein und derselbe Gedanke je nach Zusammenhang eine Sackgasse oder ein sinnvoller Gedanke sein, der unbedingt betrachtet werden sollte. Wenn wir unsere Aufmerksamkeit von einem als Sackgasse identifizierten Gedanken abziehen, tun wir das achtsam und gezielt. Im Nichtwahrhabenwollen dagegen blenden wir einen Gedanken oder Sachverhalt vollständig aus, und das hat rein gar nichts mit Achtsamkeit zu tun.

»Betäubung« heißt, dass wir uns in irgendetwas so versenken, dass wir andere Seiten unseres Lebens nicht mehr wahrnehmen müssen, und diese Beschreibung macht bereits deutlich, dass es sich um eine Form der Verleugnung handelt. Betäubung ist außerdem leicht mit Selbsttröstung zu verwechseln und könnte sogar eine Unterform sein. Tatsächlich kann Betäubung im Fall von Schmerzen durchaus wirkungsvoll sein, mitunter sogar angebracht – denken Sie nur an die Betäubungsspritze vor einer Zahnwurzelbehandlung.

Es kommt darauf an, zu bemerken und zu wissen, was Sie tun. Zum Beispiel: »Also, jetzt habe ich das Herumsitzen in diesem Wartezimmer aber satt. Ich habe mich zehn Minuten mit Atemmeditation befasst und ein bisschen Mitgefühl geübt, und jetzt werde ich mir zum Teufel diese *Bunte* reinziehen.« Das sehe ich als einen durchaus noch achtsamen Umgang mit dieser Situation. Nur wenn Sie gleich beim Betreten des Wartezimmers nach irgendeinem Hochglanzmagazin greifen und sich darin vertiefen, um nur ja nichts von Ihrer Angst zu spüren, stellt sich die Frage, ob das sinnvoll ist. Vielleicht nicht allzu sinnvoll.

Fernsehen, Radio und Internet

Ganze Bücher sind über den gesunden und ungesunden Konsum von Fernsehen, Radio, Internet und anderen Medien geschrieben worden. Ich möchte hier nur etwas über die Verwendung dieser Medien als Betäubungsmittel sagen, und das betrifft auch mich. Solange wir diese Medien achtsam einsetzen – also uns kurz das Für und Wider des Einschaltens vergegenwärtigen und wissen, wann wir besser den »Aus«-Knopf drücken –, können sie unterhaltsam und nützlich sein, weder besser noch schlechter als ein Krimi in Buchform. Bei routinemäßigem Einsatz als Betäubungsmittel oder zur Ablenkung von seelischen Schmerzen oder als Vorwand, unter dem wir uns vor den Mühen des Achtsamseins drücken, sind sie Zeitverschwendung, zumal sie gern auch unnütze Stressreaktionen auslösen, weil sie vielfach so aufpeitschend, gewaltverliebt, aggressiv und aufhetzend daherkommen.

Bauen Sie doch eine kleine Verzögerung ein, irgendeine kurze Meditation, bevor Sie doch wieder Ihr Computerspiel spielen, nach E-Mails schauen, Ihre Seiten in den sozialen Netzwerken checken (zum fünften Mal innerhalb einer Stunde), und entscheiden Sie *dann*, ob Ihre Zeit damit wirklich sinnvoll genutzt ist. Wie Ihre Entscheidung anschließend auch ausfällt, zumindest haben Sie eine Chance zum Aufbau Ihrer mentalen Muskeln genutzt.

Worum es eigentlich geht

Nach meiner Erfahrung, auch mit mir selbst, versuchen wir uns immer dann zu trösten, wenn wir ein Gefühl von Mangel haben. Echter Nährwert im tiefsten Sinne liegt da in dem Mitgefühl, das Sie anderen und sich selbst entgegenbringen. Wenn Sie den Eindruck gewinnen, dass Ihr Selbsttröstungsverhalten auch etwas Ungesundes hat, lesen Sie vielleicht am besten Kapitel 13 über Mitgefühl noch einmal und beschäftigen sich mit den Übungen.

Mit der folgenden Übung werden Sie gerüstet sein, in Ihren Maßnahmen zur Selbsttröstung Achtsamkeit walten zu lassen.

Übung 40: Was tröstet wirklich?

1. Wenn Sie wieder einmal etwas vorhaben, wovon Sie sich Trost versprechen (sagen wir: Sie stehen mit dem Löffel in der Hand vor dem Tiefkühlschrank), verzögern Sie die Aktion einen Moment.

2. Machen Sie etwa eine Minute lang irgendeine Atemmeditation.

3. Sehen Sie sich innerlich nach Gefühlen und Gedanken um. Ist da irgendwo Traurigkeit? Fühlen Sie sich einsam? Verärgert? Spüren Sie den Wunsch nach etwas Nährendem, Tröstendem? Was ist gerade präsent?

4. Machen Sie eine kurze Übung des Mitgefühls mit sich selbst (Übung 36), vor allem wenn Sie Traurigkeit oder ein vages »Brauchen« bemerkt haben. Die deuten nämlich darauf hin, dass Sie eigentlich Trost suchen und gar nicht in erster Linie auf Eis oder diesen Schundroman aus sind.

5. Und jetzt tun Sie das, was Sie vorhatten, um sich zu trösten.

Wenn Sie das öfter gemacht haben, wird Ihnen diese besondere Form der Selbsttröstung immer bewusster werden. Es bedeutet nicht unbedingt, dass Sie damit aufhören, aber die bewusste Wahrnehmung hilft Ihnen möglicherweise, manche der Bedürfnisse, die hinter Ihren Trostversuchen stehen, anders zu befriedigen. Und dann legt sich vielleicht der Drang danach.

Grundsätzliches zum Reduzieren von ungesunder Selbsttröstung

Falls Sie ungesundes oder unnützes Selbsttröstungsverhalten reduzieren möchten, gebe ich Ihnen hier ein paar Anhaltspunkte für die Strategie.

1. Bemühen Sie sich allgemein um mehr Mitgefühl. Davon können wir nie zu viel haben. Geduld und Mitgefühl mit sich selbst wirken unterstützend bei Ihrer Auseinandersetzung mit problematischen Formen der Selbsttröstung.
2. Benennen Sie Formen der Selbsttröstung, zu denen Sie besonders neigen. Gehen Sie dabei vor wie beim Benennen beliebiger Gedanken (siehe Übung 34 in Kapitel 12).
3. Geben Sie sich ehrliche Antworten auf die Frage, ob es sich dabei um gesunde Verhal-

tensweisen handelt oder nicht. Das kann von den Umständen, aber auch vom Ausmaß abhängen: Am Wochenende ein paar Gläschen zum Abendessen, das mag noch in Ordnung sein, aber drei Cocktails zum Mittagessen oder täglich eine halbe Flasche Wodka, das ist schon bedenklich.

4. Wenn Sie wieder einmal merken, dass Sie so etwas tun möchten, wenden Sie die Selbsttröstungsübung 39 darauf an.

Gesunde Formen der Selbsttröstung

Wenn Sie Ihre Selbsttröstungstendenzen ermittelt haben und dabei sind, Ihr Mitgefühl aufzubauen, gibt es Möglichkeiten, gesunde Selbsttröstungen in den Vordergrund zu rücken oder sogar neue zu entwickeln. Das empfiehlt sich auch deshalb, weil ungesunde Formen der Selbsttröstung oft negative Urteile über sich selbst oder sogar Selbsthass nach sich ziehen. Gesunde Formen der Selbsttröstung sind nicht nur genauso befriedigend, sondern sorgen auch eher dafür, dass Sie ein gutes Bild von sich selbst haben.

Ganz wichtig sind für dieses Unterfangen die »Einfach-tun-Übungen« in Kapitel 10. Wenn Sie sich noch nicht mit diesen Übungen befasst haben, arbeiten Sie bitte Kapitel 10 noch einmal durch.

Weiterhin müssen Sie auch unbedingt darauf achten, dass Sie sich nicht selbst beurteilen, vor allem dann nicht, wenn Sie eine neue Form der Selbsttröstung einüben – etwa das Tanzen, wenn Sie vorher nie viel getanzt haben. Sehen Sie sich die Übungen zum Thema »Urteilen« in Kapitel 11 noch einmal an, falls Sie noch nicht viel mit ihnen gearbeitet haben.

So gut wie alles, was nicht ungesund ist und Spaß macht, kann Ihnen Trost spenden. Es muss nichts Besonderes oder Schickes sein, es muss nicht viel Zeit in Anspruch nehmen. Vielleicht ist es sogar etwas, was Sie schon tun, ohne es eigens zu bemerken. Im Folgenden gebe ich Ihnen ein paar Beispiele.

Duschen, baden, Haare waschen

Wenn Sie wieder einmal in die Badewanne steigen oder duschen, machen Sie eine Übung »nur einseifen, nur waschen«. Gehen Sie von einer einfachen Atemübung aus, mit der Sie anfangen, sobald das Wasser in der Wanne oder unter der Dusche die richtige Temperatur hat. Keine Gedanken, keine Geschichten, keine Urteile. Einfach atmen, einfach baden. Schenken Sie sich beim Einseifen Mitgefühl: »Das hier ist mein Körper. Mein Körper und alles, was lebt, brauchen Mitgefühl und haben Mitgefühl verdient.« Sollten urteilende oder andere Gedanken auftauchen, wenden Sie Ihre Aufmerksamkeit gleich wieder dem Atem zu. Warmes Wasser – es tut einfach gut. Genießen Sie es!

Etwas Gesundes essen

Warten Sie, bis Sie spürbar Hunger haben, und dann essen Sie etwas Gesundes. Es sollte etwas sein, was Sie normalerweise nicht als Leckerbissen betrachten würden, aber Sie sollten auch keine ausgesprochene Abneigung dagegen haben. Machen Sie dazu wieder eine einfache Atemübung, und konzentrieren Sie sich ganz darauf, »einfach diese Karotte zu essen«. Sollten urteilende Gedanken auftauchen (»Ich mag kein Gemüse. Schade, dass es keine Bratwurst ist!«) oder sich irgendein Selbstgespräch anbahnen, richten Sie den Großteil Ihrer Aufmerksamkeit auf den Atem, sodass nur gerade genug für das Kauen und die Empfindungen der Geschmacksknospen bleibt. Wenn Körpergewicht, Selbstwahrnehmung und das Essen überhaupt Problemthemen für Sie sind, werden Sie bei dieser Übung viel Mitgefühl und Geduld einsetzen müssen.

Tanzmeditation

Meditative Tanzübungen gibt es eine Menge, aber ich rede hier von ganz normalem Tanz. Wenn Sie nicht tanzen können, hören Sie sich einfach Musik an und bewegen Ihren Körper irgendwie im Rhythmus, während Sie Ihre Atemmeditation machen. Und wenn Sie auch nur einen Hauch von Rhythmusgefühl besitzen, versuchen Sie, Ihren Atem mit der Musik zu koordinieren: vier Taktschläge einatmen, vier ausatmen oder drei ein und drei aus (die meisten Musikstücke haben einen Vierer- oder Dreiertakt). Leihen Sie sich einen Tanzkurs nach Ihrem Geschmack auf DVD aus, oder suchen Sie sich einen im Internet. Hier braucht es auch wieder viel Geduld und Mitgefühl. Wenn Sie genügend Selbstvertrauen haben, um mit Freunden zu tanzen: wunderbar! Aber Sie können auch für sich allein tanzen, es ist ein erstklassiges Training für Körper und Geist.

Shoppingmeditation

Für viele Menschen ist Einkaufen, es mag sich um benötigte Dinge handeln oder nicht, eine Form der Selbsttröstung. Wenn bei Ihnen wieder einmal eine Shoppingtour ansteht, halten Sie sich an die oben genannten Schritte unserer Strategie zur Verminderung ungesunder Selbsttröstungen, um zu ermitteln, ob Ihr Shoppingverhalten gesund oder ungesund ist. Vielleicht ist es mal so und mal so. Wenn Sie dann losziehen, machen Sie eine »Einfach-shoppen-Übung« daraus, und lassen Sie währenddessen alle Selbstbeurteilungen weg. Behalten Sie ein wenig im Auge, ob sich Ihr achtsames Vorgehen irgendwie auf Ihr Shoppingverhalten und die Art der Neuerwerbungen auswirkt.

Für sportliche Typen

Viele sportliche Betätigungen wie Radfahren, Surfen und Klettern verlangen eine konzentrierte Ausrichtung auf die technische Seite der Sache, insbesondere bei Wettkämpfen. Wenn Sie eine solche Sportart ernsthaft betreiben, werden Sie wahrscheinlich schon eine Form von »einfach Rad fahren, einfach surfen, einfach klettern« für sich entwickelt haben, weil Sie wissen, dass ablenkende Gedanken Ihr Können beeinträchtigen und ein Moment der Unaufmerksamkeit sogar richtig gefährlich sein kann. In diesem Fall können Sie sich vielleicht mithilfe von Visualisationen (Kapitel 9) noch steigern. Außerdem werden Sie feststellen, dass Mitgefühl für noch mehr Spaß bei der Sache sorgt – wenn es auch den Siegeswillen vielleicht ein wenig dämpft.

Für Wanderer und Jogger

Wenn Sie gern wandern, spazieren gehen oder joggen, haben Sie darin ideale Bewegungsformen für die Geh- und Atemmeditationen in diesem Buch. Zusammen mit Ihren Beinmuskeln und Ihrer Atemkapazität bauen Sie Ihre mentale Muskulatur auf, zwei Fliegen mit einer Klappe. Ich gehe oder jogge jeden Tag und mache dabei die Gehübung mit Atembenennung und Schrittzählung (Übung 12) oder die einfachere Gehübung mit Benennung der Atemzüge (Übung 5).

Für Yoga-Übende

Wenn Sie Hatha-Yoga üben, versuchen Sie Übung 5 so anzupassen, dass Sie sie einbeziehen können. Sie können zum Beispiel darauf hinarbeiten, über die ganze Dauer Ihrer Yoga-Übung die Benennung des Atems beizubehalten (das wird Ihnen wahrscheinlich leichter fallen, wenn Sie sich von einem Lehrer, einer DVD oder einer CD anleiten lassen oder sich eine Abfolge von Stellungen eingeprägt haben). Sie können auch das Benennen der Atemzüge immer dann wieder aufnehmen, wenn Sie eine neue Yoga-Stellung eingenommen haben. Wenn Sie, wie ich, eine Stellung immer »bis zehn« oder »bis zwanzig«

halten, können Sie die Zählung mit der Atembenennung synchronisieren. Das sieht dann zum Beispiel so aus: »Ein ... zwei ... drei, aus ... vier ... fünf ... sechs, ein ... sieben ... acht ... neun ... zehn« – oder eben so, wie Zählung und Atemrhythmus für Sie am besten zusammenpassen. Das *Prana*, der »Lebensatem«, spielt im Yoga eine wichtige Rolle; diese Übung ist also bestens mit der Yoga-Praxis vereinbar. (Es versteht sich wohl fast von selbst, dass ich eine Übungsform namens »Prana-Harmonika« und eine Form des »Mundharmonika-Yoga« entwickelt habe!)

Zusammenfassung

- Selbsttröstung ist etwas ganz Natürliches, eine Form des Umgangs mit Schmerz. Wir müssen nur verstehen, was wir da tun und weshalb, dann sind wir in der Lage, gesündere Formen zu wählen.

- Viele der Übungen, die Sie in diesem Buch gelernt haben, können zugunsten achtsamerer Formen der Selbsttröstung eingesetzt werden. Aber nichts ist so wichtig wie Mitgefühl.

- Vieles, was Sie ohnehin schon tun, kann so ausgebaut werden, dass es Sie noch besser tröstet.

Bedienen Sie sich der hier gegebenen Anregungen, um das aufzuwerten, was Sie bereits tun. Aber entwickeln Sie auch eigene Ideen, wie Sie das, worin Sie Trost suchen, mit Achtsamkeitsübungen kombinieren können.

Dank

Ein ganz besonderer Dank gilt meinem alten Freund und Mentor Dr. Matthew McKay, der mir bei diesem Buch wie bei so vielen anderen Dingen geholfen hat.

Dankbare Wertschätzung möchte ich auch Joshua Boger und Justin Morreale bekunden. Joshua nicht allein für seine Freundlichkeit mir und meiner Familie gegenüber, sondern auch für das inspirierende Beispiel, das er gibt und damit beweist, dass man sehr aktiv und dabei zugleich freundlich und achtsam sein kann. Justin hat meine Arbeit nicht nur von Anfang an unterstützt, sondern zeigt mir unmissverständlich, dass sich klare Achtsamkeit den Menschen mitteilt, mit denen man in Berührung kommt.

Nichts als Dank empfinde ich außerdem gegenüber den Tausenden Teilnehmern an meinen Firmen-Veranstaltungen sowie allen Studenten, die an meinen längeren Workshops im New York Open Center und im Kripalu Center teilgenommen haben, und schließlich gegenüber meinen Kindern und meiner Frau, von denen ich so viel gelernt habe.

Übungsverzeichnis

Literatur

Die Quellen

American Psychological Association Mind/Body
    Health Public Education Campaign: *Stress in
    America Survey.* American Psychological
    Association, Washington, D.C. 2007.
Csikszentmihalyi, Mihaly: *Flow. Das Geheimnis des
    Glücks.* Klett-Cotta, Stuttgart 2010.
Garfield, Charles: *Psychosocial Care of the Dying
    Patient.* McGraw-Hill, New York 1978.

Weiterführende Literatur

Harp, David/McKay, Matthew: *Neural Path Therapy.
    How to Change Your Brain's Response to Anger,
    Fear, Pain, and Desire.* New Harbinger, Oakland
    2005.

Harp, David/Feldman, Nina: *Meditieren in drei Minuten*. Rowohlt Taschenbuch Verlag, Reinbek bei Hamburg 2012.

Harp, David/Feldman, Nina: *MetaPhysical Fitness. The Complete Thirty-Day Program for Your Mental, Emotional, and Spiritual Health*. Mind's i press, Montpelier Vermont 1989.

Kornfield, Jack: *Frag den Buddha und geh den Weg des Herzens*. Kösel, München 2009.

Levine, Stephen: *Noch ein Jahr zu leben. Wie wir dieses Jahr leben können, als wäre es unser letztes*. Rowohlt Taschenbuch Verlag, Reinbek bei Hamburg 1999.

Levine, Stephen: *Wege durch den Tod. Who dies.* J. Kamphausen, Bielefeld 1997.

Nisargadatta Maharaj: *Ich bin.* 3 Bände. J. Kamphausen, Bielefeld 1998–2003.